Vorwort

Liebe Schülerinnen, liebe Schüler,

in eurem *Cahier d'activités A petits pas* findet ihr eine Fülle unterschiedlicher Übungen, die das im Unterricht Gelernte vertiefen.
Théo und Amandine begleiten euch bei den Übungen mit ihren Lerntipps und Hinweisen.

Die Hörverstehensübungen, Lieder und Reime auf der Schüler-CD helfen euch, die französische Sprache besser zu verstehen.

Die Auto-contrôle-Übungen am Ende jeder Lektion unterstützen euch bei der Vorbereitung von Klassenarbeiten. Ihr könnt sie selbstständig bearbeiten und korrigieren.
Die Lösungen findet ihr auf Seite 120.

Am Ende des Heftes findet ihr die Tandembögen. Mit ihnen könnt ihr mit eurer Sitznachbarin oder eurem Sitznachbarn auf Französisch Gespräche führen.

Der Delfin vor manchen Übungen weist auf eine DELF-Übung hin.
DELF (Diplôme d'Etudes en Langue Française) ist eine Abschlussprüfung für die französische Sprache, die ihr, wenn ihr wollt, zu einem späteren Zeitpunkt ablegen könnt.
Mit dieser Prüfung erhaltet ihr ein Diplom, dass in allen Ländern anerkannt wird.

Mit den Evaluationsbögen nach den Lektionen 3, 6 und 9 habt ihr die Möglichkeit, eure Fortschritte selbst einzuschätzen.

Eure schönsten Französischergebnisse wie Gedichte, Steckbriefe, Collagen etc. sollen nicht in Vergessenheit geraten. Das wäre zu schade! Deshalb schlagen wir euch vor, eine Mappe anzulegen, in der ihr eure besten Produkte sammelt (Französisch-Dossier). Diese Mappe könnt ihr gestalten, indem ihr aus Zeitschriften französische Wörter und Bilder ausschneidet. So wird das Dossier zu einer Französisch-Schatztruhe, mit der ihr zeigt, was ihr könnt!

Viel Spaß wünscht euch
euer *Découvertes*-Team mit
Théo und Amandine

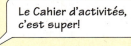

Le Cahier d'activités, c'est super!

Wegweiser

 Der Delfin weist auf einen speziellen Übungstyp hin, mit dem ihr euch auf die DELF-Prüfung vorbereiten könnt.

 Tandembögen: Sie werden in der Mitte gefaltet. Gemeinsam mit eurer Sitznachbarin/eurem Sitznachbarn bearbeitet ihr die Bögen und kontrolliert euch gegenseitig.

 Hier arbeitest du in der Regel mit deinem Sitznachbarn zusammen.

 Bei diesen Aufgaben arbeitest du im Team mit drei bis maximal fünf Klassenkameraden zusammen.

 Die bei den Übungen genannten Paragraphen verweisen auf das Grammatische Beiheft.

 Die Übung wird auf der folgenden Seite fortgesetzt.

 Die mit kleinen Ziffern versehenen Wörter werden in einer Fußnote erklärt.

 Am Anfang der Übung weist das Symbol darauf hin, dass der Text auf der Schüler-CD ist.

 Dieses Zeichen weist Lektionen/Lektionsteile aus, die nur in bestimmten Bundesländern/Ländern verlangt werden.

 In Aufgaben mit diesem Symbol entstehen Produkte, die ihr in eurem Französisch-Dossier abheften könnt.

 Diese Übungen sind zur Wiederholung von bereits gelerntem Stoff gedacht.

 Dieses Symbol bedeutet, dass es sich um schwierigere Übungen handelt. (Nur in der Lehrerausgabe gekennzeichnet).

Vorkurs

1 Je m'appelle …

Bastelt euch ein Namensschild. Auf der Zeichnung rechts
seht ihr, wie das fertige Schild aussehen soll.

1. Macht eine Fotokopie und malt Théo und Amandine farbig aus.
2. Klebt die Fotokopie der Seite auf Pappe.
3. Schneidet das Schild an den Rändern aus.
4. Schneidet entlang der Linien die Tiere grob aus.
5. Faltet das Namensschild an der gestrichelten Linie.
6. Schneidet nun die Tiere genau an ihren Umrissen fein aus.
7. Schreibt euren Namen hinter «Je m'appelle» (Ich heiße).

Je m' appelle _____

2 L'alphabet

Achtet auf die Tiere. Die Katzen zeigen euch, welche Buchstaben aus der Reihe tanzen.
Diese werden anders ausgesprochen als im Deutschen.

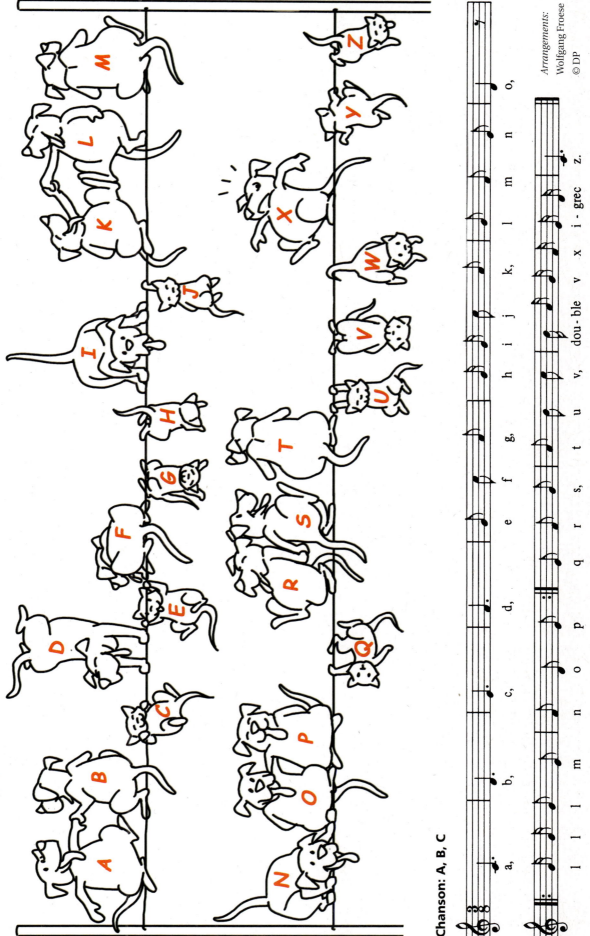

Chanson: A, B, C

Arrangements:
Wolfgang Froese
© DP

a, b, c, d, e f g, h i j k, l m n o,

p q r, s, t u v, dou‑ble v x i‑grec z.

l l l m n o p

V

trois

3 **Qui est-ce?**

Bastelt euch ein Lesezeichen mit den Hauptpersonen des Buches.

1. Macht eine Fotokopie von der Seite.
2. Klebt die Fotokopie auf Karton.
3. Schneidet die beiden Bildteile aus.
4. Malt das ganze Bild farbig aus.

5. Klebt beide Teile gegeneinander.
6. Überzieht das Lesezeichen mit durchsichtiger Folie. Fertig!

4 Ecouter: Salut, ça va?

Hört welche Zahl bei welcher Farbe diktiert wird.
Dann malt das Bild aus. Die Zahlen verraten euch, mit welcher Farbe.
Die Felder ohne Zahlen könnt ihr ausmalen, wir ihr wollt.

5	8	1	6	4	2	3	7
orange	noir	vert	gris	bleu	rouge	jaune	marron

5 Memory

Bastelt euch ein Memory.

1. Macht eine Fotokopie von der Seite.
2. Klebt die Fotokopie der Seite auf Karton.
3. Malt die Zeichnungen farbig aus.
4. Überzieht sie mit Folie.

5. Schneidet die einzelnen Teile aus.
6. Spielt mit einem oder zwei Nachbarn Memory. Fertig!

un livre	un crayon	un cahier	un stylo	un classeur	une trousse
un feutre	une gomme	un sac à dos	un tableau	un ordinateur	un professeur
une chaise	une table	une fenêtre	une porte	un garçon	une fille

LEÇON 1

Salut! Bonjour!

1 **A Paris**

Findet die Namen heraus und vervollständigt die Sätze nach dem folgenden Beispiel.

Exemple:

Voici *madame Bertaud et monsieur Beckmann* .

madame DUBERAT   monsieur NAMBENCK

1. MONNA   Voici Manon   .

2. KIMALA   Voici Malika   .

3. AMEM   Voici Emma   .

4. SATHMO   Voici Thomas   .

5. TASICHIRN   Voici Christian   .

6. RITVOC   Voici Victor   .

2 **Un, deux, trois, …** → § 1

Schreibt die Wörter in das Kreuzworträtsel und fügt den Artikel „un" oder „une" hinzu.

1   un

2   une

3   une

4   une

5   un

6   un

7   un

```
P R O F E S S E U R
        V O I T U R E
        F I L L E
        R U E
  C H I E N
        C H A T
C O L L È G E
```

3 Non, Amandine! → § 1

a Neun Wörter für die Sachen, die Amandine aus dem Rucksack kramt,
stecken im Buchstabengitter. Die Wörter können nur von links nach rechts
oder von oben nach unten gelesen werden. Kreist sie ein. Ihr könnt im Memory
auf Seite 6 nachschauen, wenn euch ein Wort nicht mehr einfällt.

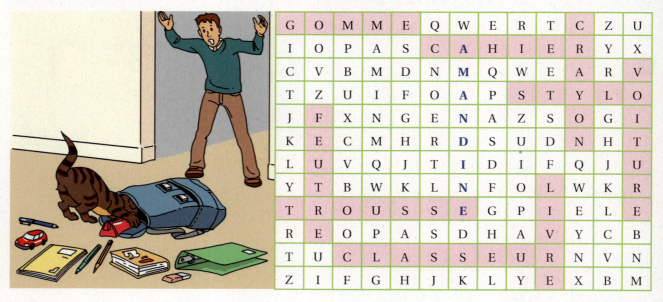

G	O	M	M	E	Q	W	E	R	T	C	Z	U
I	O	P	A	S	C	A	H	I	E	R	Y	X
C	V	B	M	D	N	M	Q	W	E	A	R	V
T	Z	U	I	F	O	A	P	S	T	Y	L	O
J	F	X	N	G	E	N	A	Z	S	O	G	I
K	E	C	M	H	R	D	S	U	D	N	H	T
L	U	V	Q	J	T	I	D	I	F	Q	J	U
Y	T	B	W	K	L	N	F	O	L	W	K	R
T	R	O	U	S	S	E	G	P	I	E	L	E
R	E	O	P	A	S	D	H	A	V	Y	C	B
T	U	C	L	A	S	S	E	U	R	N	V	N
Z	I	F	G	H	J	K	L	Y	E	X	B	M

b Findet die sechs Wörter heraus und schreibt sie
mit dem passenden Artikel in die richtige Spalte.

VIERL	SORTUSE	MEMOG	HERIAC	RESCALUS	ITUVORE

un …		une …	
un livre		une trousse	
un cahier		une gomme	
un classeur		une voiture	

4 Cherchez l'intrus [1].

Streicht in jeder Spalte das Wort weg, das nicht passt und überlegt,
was die verbleibenden Wörter der einzelnen Spalten gemeinsam haben.

Emma	au revoir	je suis	une gomme	un crayon
Malika	rue Trousseau	merci	un garçon	une trousse
Théo	salut	je m'appelle	un papa	un classeur
Victor	bonjour	tu es	une fille	une voiture

---

1 **Cherchez l'intrus.** [ʃɛʀʃelɛ̃tʀy] Sucht den Eindringling.

5 **Une fenêtre et un sac à dos** → § 1

a *Achtet auf die Artikel der Wörter „un/une" und verbindet sie mit dem richtigen Kästchen.*
Dessinez des flèches. (Zeichnet Pfeile.)

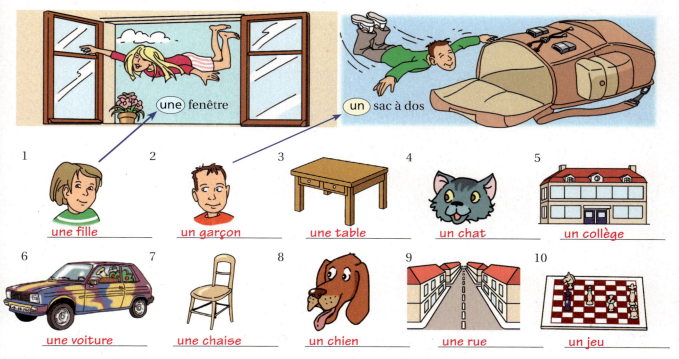

une fenêtre   un sac à dos

1   une fille
2   un garçon
3   une table
4   un chat
5   un collège
6   une voiture
7   une chaise
8   un chien
9   une rue
10   un jeu

b *Schreibt nun die Wörter in zwei Spalten in euer Heft: 1. Spalte „un" … und 2. Spalte „une" …*

6 **Jeu au collège**

Am Tag der offenen Tür machen alle bei den Spielen mit: Schüler, Lehrer und Eltern.
Hier hat eine Mannschaft Aufstellung genommen, in der ihr einige bekannte Personen und Tiere wieder erkennen könnt.

Welche Nummern haben sie auf ihren Trikots? Schreibt die Zahlwörter aus.

Exemple:

Victor: **deux**

1. Emma: **huit**

2. Thomas: **six**

3. M. Beckmann: **cinq**

4. Christian: **un**

5. Malika: **sept**

6. Amandine: **trois**

7. Théo: **quatre**

8. Mme Bertaud: **neuf**

7 Ecouter: En classe

a *Betrachtet das Bild und hört euch die Äußerungen an.*
Sie enthalten einige Wörter, die ihr noch nicht kennt.
Versucht trotzdem beim zweiten Hören, die Sätze zuzuordnen.
Vor jedem Satz hört ihr eine Zahl; schreibt sie zu der Person, die spricht.

b *Je zwei Sätze reimen sich. Verbindet zunächst die Sätze*
mit verschiedenen Farben. Hört euch dann zur Kontrolle
den Reim von der CD an.

1. Un et deux,   … je mange un œuf.
2. Voilà Emma   … Yan aime Béatrice.
3. Quatre, cinq, six,   … on fait un jeu.
4. Sept, huit, neuf,   … Attention, madame Bertaud!
5. Dix: c'est un et zéro.   … avec le trois.

c *Lest euch nun den Reim noch einmal durch*
und schreibt die französischen Zahlwörter
unter die Zahlen.

0	1	2	3	4	5
zéro	un	deux	trois	quatre	cinq

6	7	8	9	10
six	sept	huit	neuf	dix

8 C'est le huit …?

a *In jeder Spalte passt eine Zahl nicht in das Schema.*
Umkreist sie mit einem farbigen Stift.

deux	sept	quatre	cinq	un	sept	six	trois
trois	deux	cinq	neuf	cinq	quatre	sept	un
huit	neuf	six	sept	trois	cinq	huit	deux
cinq	dix	dix	huit	quatre	six	six	trois

b *Durch welche Zahlen müssten die umkreisten ersetzt werden,*
damit die Zahlenfolge richtig ist? Schreibt sie der Reihe nach auf.

quatre, huit, sept, six, deux, trois, neuf, zéro

c *Welche drei Zahlen von 0 bis 10 fehlen im b-Teil?* un, cinq, dix

9 …, quatre, cinq, six, …

Rechnet und ergänzt die fehlenden Zahlen.

trois	+	un	–	deux	=	deux
zéro	+	dix	–	un	=	neuf
un	+	quatre	–	deux	=	trois
huit	+	trois	–	un	=	dix
cinq	+	six	–	sept	=	quatre
huit	+	sept	–	huit	=	sept
dix	+	neuf	–	dix	=	neuf

10 Ecouter: …, sept, huit, neuf, …

a *Lisez (Lest).*

Hört euch dann zur Kontrolle
den Reim von der CD an.

Tu t'appelles comment?
Je m'appelle Christian.
Et moi, je m'appelle Lily.
Je suis de Paris.

b *Schaut euch die Frankreichkarte an. Schreibt zu jeder Nummer einen kleinen Vorstellungstext in euer Heft.*

Beispiel: 1. Salut, je m'appelle Christian. Je suis de Berlin.

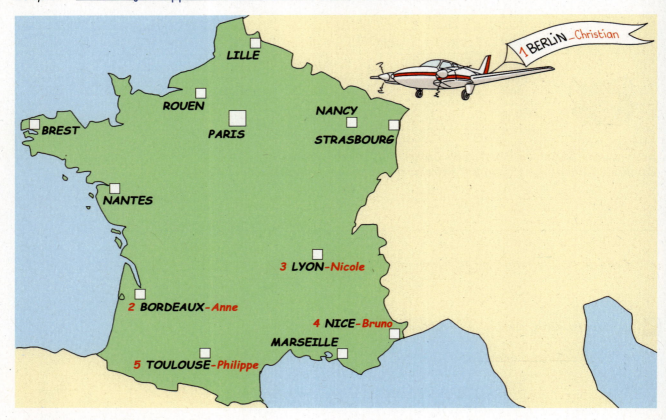

Et toi?   Je m'appelle Sonja et je suis de Stuttgart.

---

11 **Ecouter: Tiens, tiens, un chien!**

 a *Hört euch die Wörter von der CD an. In jeder Reihe reimt sich eines der vier Wörter auf das erste Wort. Umkreist es.*

1.	Théo	trois	nouveau	bonjour	M. Beckmann
2.	Berlin	Julien	mais	ensemble	non
3.	Paris	voiture	monsieur	ça va	voici
4.	Emma	français	allemand	entrée	chat

b *Nun reimen sich in jeder Reihe drei Wörter. Eines passt nicht dazu. Sprecht die Wörter leise aus und streicht das Wort weg, das nicht passt.*

1.	garçon	Christian	prénom	non
2.	sympa	papa	ça va	madame
3.	tu es	mais	texte	français
4.	rue Trousseau	mot	nouveau	Victor
5.	je suis	moi	merci	oui

12 Toi, tu es Christian? → § 2

Ergänzt die Sätze mit dem Verb „être".

Auf dem Square Trousseau trifft Fatima[1] Christian, der seit kurzem in ihrer Klasse ist. Sie spricht ihn an.

Exemple: *Fatima:* Toi, tu **es** Christian?

> Tu es de Berlin?

> Non, je suis de Paris. Mais Christian est de Berlin.

1. *Christian:* Oui, je **suis** Christian.

2. *Fatima:* Tu **es** de Berlin?

3. *Christian:* Oui, et toi, tu **es** Malika?

4. *Fatima:* Non, moi, je **suis** Fatima.

   Malika **est** avec Emma.

5. *Christian:* Et qui **est** -ce?

6. *Fatima:* C' **est** Victor avec Minouche[2].

7. *Christian:* Minouche, c' **est** un chien?

8. *Fatima:* Mais non, c' **est** un chat.

13 Dialogue

Bildet sieben Sätze, indem ihr Satzteile aus den Spalten A und B kombiniert.
In der ersten Spalte ist die Reihenfolge vorgegeben. Schreibt den Dialog in euer Heft.

> Et voici Théo!

A	B
1. Qui est-ce? C'est Christian,	comment?
2. Christian, c'est un prénom	Thomas,
3. Salut, Christian,	un nouveau.
4. Ça va bien,	ça va ?
5. Toi, tu t'appelles	Théo.
6. Moi, je m'appelle	bizarre.
7. Et voici	merci.

14 Qui est-ce? → § 3

Die beiden kleinen Gespräche sind durcheinander geraten. Schreibt sie richtig in euer Heft.

C'est Christian. C'est un nouveau. **2**
Non, Christian est de Berlin. **4**

C'est un garçon sympa? **5**
Tiens. Qui est-ce? **1**

Christian est de Paris? **3**
Ah oui, c'est un garçon sympa. **6**

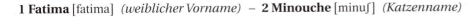

1 Fatima [fatima] *(weiblicher Vorname)* – **2 Minouche** [minuʃ] *(Katzenname)*

Et toi, tu es Brigitte? **3**
Salut. Ça va bien, merci. **2**

Salut, Christian. Ça va? **1**
Oh, pardon[1]. **5**

Non, je m'appelle Elodie. **4**

15 **Moi et toi?**

In der Übersicht findet ihr eine Menge Reimwörter. Ordnet sie in die Tabelle ein.

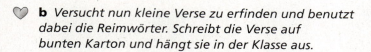

Emma – moi – un chat –
bienvenue – un garçon – salut – merci –
tiens – ça va bien – mais non – ça va – un, deux, trois –
Thomas – papa – à Paris

a *Complétez.*

[ɛ̃]	[a]	[y]	[õ]	[wa]	[i]
un chien	sympa	une rue	un prénom	toi	voici
tiens	Emma	bienvenue	un garçon	moi	merci
ça va bien	un chat	salut	mais non	trois	à Paris
	ça va				
	Thomas				
	papa				

> Papa, Emma et moi, avec un chat sympa.

> Je suis à Paris, ça va bien, merci.

b *Versucht nun kleine Verse zu erfinden und benutzt dabei die Reimwörter. Schreibt die Verse auf bunten Karton und hängt sie in der Klasse aus.*

16 **Auto-contrôle: En français**

*Antwortet auf Französisch. Es gibt bei manchen Sätzen mehrere Möglichkeiten.
Die Lösungen findet ihr auf Seite 120.*

Ihr seid in Frankreich. Was sagt ihr, wenn ihr

1. euch vorstellt? Je m'appelle / je suis ...

2. erzählt, woher ihr kommt? Je suis de ...

3. einen Freund / eine Freundin begrüßt? Salut.

4. eine Dame (z.B. die Mutter eurer Freundin) begrüßt? Bonjour, madame.

5. euch bei einem Herrn für etwas bedankt? Merci, monsieur.

6. etwas komisch findet? C'est bizarre .

7. euch schlecht fühlt / ihr Probleme habt? Ça va mal.

8. euch verabschiedet? Au revoir! / Salut!

_____

1 pardon [paʀdõ] Verzeihung

LEÇON 2

Dans le quartier

1 **Le dessin de Christian**

a *Schreibt neben jeden der dargestellten Gegenstände den französischen Namen.*

un livre
une étagère
une bouteille
un carton
une gomme
un bloc à dessin

une affiche   un magasin
un arbre
une guitare
un banc
une poubelle
un papier

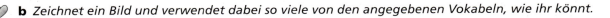

b *Zeichnet ein Bild und verwendet dabei so viele von den angegebenen Vokabeln, wie ihr könnt.*

15

2 **Cherchez les mots.** → § 4

a *Cherchez les mots dans la grille et encerclez les mots. (Sucht die Wörter im Gitter und umkreist sie.)*
Die Wörter können waagerecht und senkrecht angeordnet sein.

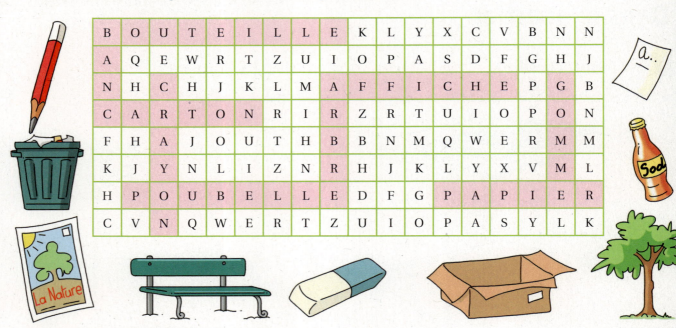

B	O	U	T	E	I	L	L	E	K	L	Y	X	C	V	B	N	N
A	Q	E	W	R	T	Z	U	I	O	P	A	S	D	F	G	H	J
N	H	C	H	J	K	L	M	A	F	F	I	C	H	E	P	G	B
C	A	R	T	O	N	R	I	R	Z	R	T	U	I	O	P	O	N
F	H	A	J	O	U	T	H	B	B	N	M	Q	W	E	R	M	M
K	J	Y	N	L	I	Z	N	R	H	J	K	L	Y	X	V	M	L
H	P	O	U	B	E	L	L	E	D	F	G	P	A	P	I	E	R
C	V	N	Q	W	E	R	T	Z	U	I	O	P	A	S	Y	L	K

b *Findet die neun Wörter heraus und schreibt sie*
mit dem passenden Artikel in die richtige Spalte.

le / l'	la / l'
le banc	la bouteille
le crayon	la poubelle
le papier	la gomme
le carton	l'affiche
l'arbre	

c *Schreibt die neun Wörter mit dem unbestimmten Artikel „un, une" in euer Heft*
und übersetzt sie ins Deutsche.

Exemple: ___un banc – eine Bank___

3 **Où est le chien?** → § 7

a *Ecrivez les réponses dans votre cahier.*
(Schreibt die Antworten in euer Heft.)

dans derrière devant sous sur

1 2 3 4 5

b *Trouvez les mots. (Findet die Wörter heraus.)*
Schreibt sie mit dem Artikel und den Präpositionen auf die Linien.

1. (BARRE) _____ L'arbre _____ est _____ dans _____

le square. Il est vert. 2. (CNAB) _____ Le banc _____

est _____ devant _____ l'arbre. Il est noir. 3. (BELUPOLE)

_____ La poubelle _____ est _____ derrière _____ l'arbre.

Elle est jaune. 4. (TRONCA) _____ Le carton _____ est

_____ sous _____ le banc. Il est bleu. 5. (TIELBOLUE)

_____ La bouteille _____ est _____ sur _____ le banc.

Elle est rouge. 6. (HECIN)_____ Le chien _____ est

_____ dans _____ le carton. Il est marron.

---

4 **Dans le square Trousseau**   → §§ 4, 5

Auf dem Square Trousseau gibt es so allerlei.

Complétez et dessinez. (Ergänzt und zeichnet.)

Exemples: 1. Voici __un__ chien. C'est __le__ chien de Mme Bertaud.
__Il__ est marron.

2. Voici __une__ voiture. C'est __la__ voiture de papa.
__Elle__ est rouge.

3. Voici __un__ carton. C'est __le__ carton de Manon.

__Il__ est marron.

4. Voici __une__ trousse. C'est __la__ trousse de Valentin.

__Elle__ est rouge.

5. Voici __une__ bouteille. C'est __la__ bouteille d'Emma.

__Elle__ est jaune.

6. Voici __un__ livre. C'est __le__ livre de Mme Carbonne.

__Il__ est bleu.

7. Voici __une__ affiche. C'est __l'__ affiche de Christian.

__Elle__ est rouge et orange.

8. Voici __un__ feutre. C'est __le__ feutre de Malika.

__Il__ est vert.

1	
2	
3	
4	
5	
6	
7	
8	

5 **En classe** → §§ 5, 7

*Regardez les images
et répondez.
(Schaut euch die Bilder an
und antwortet.)
Beginnt euren Satz
mit „il" oder „elle".*

Exemple: 1. Où est le professeur?
<u>**Il est devant le tableau.**</u>

2. Où est le papier?

<u>**Il est dans la poubelle.**</u>

3. Où est Malika?

<u>**Elle est derrière l'étagère.**</u>

4. Où est Christian?

<u>**Il est sous la table.**</u>

5. Où est le crayon?

<u>**Il est devant la trousse.**</u>

6. Où est l'affiche?

<u>**Elle est sur la chaise.**</u>

7. Où est l'arbre?

<u>**Il est dans la cour.**</u>

6 **La voiture dans la nature**

~~nature~~ dessin étagère devant ~~voiture~~ Emma magasin quartier derrière
carton sympa banc je m'appelle papeterie papier crayon poubelle paradis

a *Je zwei Wörter reimen sich. Findet die Paare heraus und schreibt sie
mit dem bestimmten Artikel in die Kästchen. Vorsicht: Manche haben keinen Artikel!*

Exemple: la nature	devant	je m'appelle
la voiture	le banc	la poubelle

le dessin	le quartier	la papeterie
le magasin	le papier	le paradis

l'étagère	le carton	sympa
derrière	le crayon	Emma

b *Schreibt kleine Verse mit den Reimwörtern in euer Heft.*

Tiens, une voiture
dans la nature.

7 Que fait Malika?

Relisez le texte du livre, pages 19 et 20.
Trouvez les phrases correctes.
(Lest den Text auf den Seiten 19 und 20
des Schülerbuchs noch einmal.
Findet die richtigen Sätze.)

Exemple: Malika entre dans le square.
Elle ramasse une bouteille. ☒
Elle pose un dessin sur un banc. ☐
Elle ramasse un dessin. ☐

1 Christian est là.
Il dessine le collège. ☐
Il dessine le square. ☒
Il cherche une affiche. ☐

4 Rue du Faubourg Saint-Antoine:
Malika quitte Christian. ☐
Malika entre dans un magasin. ☐
Malika regarde derrière une porte. ☒

2 Malika aime la nature. Mais
le square est sale. ☒
le square est vide. ☐
le square est super. ☐

5 Pour Malika,
la cour est bizarre! ☐
la cour est un paradis! ☒
la cour est sympa! ☐

3 Elle est où, la papeterie?
Elle est là, derrière le collège. ☐
Elle est là, rue Charles Baudelaire, derrière le square. ☒
Elle est là, devant le square. ☐

6 Maintenant,
Amandine est le chat de Mme Salomon. ☐
Amandine est le chat d'Emma. ☒
Amandine est le chat de Malika. ☐

8 Cherchez l'intrus.

a *Sucht den Eindringling.*
Welches Wort passt nicht
zu den anderen?

☒ salut
☐ derrière
☐ devant
☐ sur

☐ le collège
☐ la cour
☒ le chat
☐ le professeur

☐ le quartier
☒ la nature
☐ le square
☐ la rue

☐ la photo
☐ le dessin
☐ l'affiche
☒ l'arbre

b *Complétez les phrases avec les mots de la partie **a**. (Vervollständigt die Sätze mit den Wörtern des a-Teils.)*

1. <u>Le chat</u> est sur <u>l'arbre</u>.

2. <u>Le professeur</u> quitte <u>le collège</u>.

____
1 Cherchez l'intrus. [ʃɛʀʃelɛ̃tʀy] Sucht den Eindringling.

3. Le chien est

devant la porte.

4. Victor regarde

l'affiche / de Christian.

9 **Tu cherches Amandine avec Théo?**

Complétez avec les mots suivants. (Ergänzt mit den folgenden Wörtern.)

| dans   derrière   devant   sur   sous |

Elle est où, Amandine?

1. Théo cherche  _sous_ la voiture et  _derrière_

la poubelle.

Il regarde  _sur/dans_ l'arbre. **2.** Il regarde aussi _sous_ le banc,

 _dans_ le square Trousseau. **3.** Là, Théo est  _devant_ l'affiche

de Christian. **4.** Maintenant, il entre  _dans_ le magasin de madame Rollin.

Amandine est là,  _devant_ la porte? Non. Théo regarde

sur l'étagère. **5.** Oui, Amandine est là. Elle est  _dans_ le carton.

Le carton est  _sur_ l'étagère.

Bonjour, mademoiselle Amandine!

10 **Dans la cour** → § 6

Schreibt, was jeder Schüler und jede Schülerin gerade tut.

1. Christophe quitte le collège.

2. Loïc entre dans le collège.

3. Amélie dessine un chat sur le sol.

4. Julie cherche une affiche dans la poubelle.

5. Léa cache l'affiche.

6. Zoé trouve 10 euros.

7. Anne regarde Yan et Yan regarde Anne.

8. Luc colle une affiche.

9. Victor écrit sur l'affiche.

10. Lisa met un sac à dos sur le banc.

11 Dans le square → § 7

Christian est dans le square. Une fille arrive.

Reliez les questions et les réponses.
(Verbindet die Fragen und Antworten.)
Schreibt den passenden Buchstaben
vor die Zahlen. Dadurch ergibt sich
ein Lösungwort, das ihr kennt.

D	1. Qui est sur le banc?	S – Je m'appelle Christian.
E	2. Christian, qui est-ce?	E – Il est dans la rue Trousseau.
S	3. Que fait Christian?	D C'est Christian.
S	4. *Une fille:* Tu t'appelles comment?	R – Oui, j'aime le collège.
I	5. *La fille:* Tu es de Paris?	I – Non, je suis de Berlin.
N	6. *La fille:* Qu'est-ce que c'est, sur le dessin?	S Il dessine le collège.
E	7. *La fille:* Il est où, le collège?	E Christian, c'est un nouveau.
R	8. *La fille:* Tu aimes le collège?	N – C'est le collège Anne Frank.

12 Je suis et tu es. → § 6

Complétez le tableau. (Ergänzt die Tabelle.) Achtet auf die Endungen.

Exemple: quitter	je quitte	tu quittes	il quitte
chercher	je cherche	tu cherches	elle cherche
entrer	j'entre	tu entres	on entre
ramasser	je ramasse	tu ramasses	il ramasse
coller	je colle	tu colles	elle colle
être	je suis	tu es	on est

13 Que fait Valentin? → §§ 5, 6

Complétez. (Ergänzt.)

Exemple:

1. *Mme Carbonne:* Valentin, __tu ramasses__ les papiers?
   Valentin: Oui, maman, __je ramasse__ les papiers.
   Et __il ramasse__ les papiers.

ramasser

2. *Emma:* Valentin, __tu cherches__ Amandine?

   Valentin: Oui, Emma, __je cherche__ Amandine.

   Et __il cherche__ Amandine.

chercher

3. *Manon:* Valentin, <u>tu colles</u> la photo dans le cahier?   coller

   Valentin: Oui Manon, <u>je colle</u> la photo dans l'album.

   Et <u>il colle</u> la photo dans l'album.

4. *Emma:* Valentin, <u>tu marques</u> le prénom sur le cahier de Manon?   marquer

   Valentin: Oui, Emma, <u>je marque</u> le prénom sur le cahier de Manon.

   Et <u>il marque</u> le prénom sur le cahier de Manon.

5. *M. Carbonne:* Valentin, <u>tu dessines</u> l'affiche pour le collège?   dessiner

   Valentin: Oui papa, <u>je dessine</u> l'affiche pour le collège.

   Et <u>il dessine</u> l'affiche pour le collège.

6. *Emma:* Valentin, <u>tu aimes</u> Malika?   aimer

   Valentin: Oh non, Emma!

---

14   **Ecrire: A la papeterie**

a *Schaut euch das Beispiel an und schreibt dann vier kleine Einkaufsgespräche nach diesem Muster in euer Heft.*

Exemple:

Christian: Bonjour, madame.
Mme Rollin: Bonjour.
Christian: Je cherche un bloc à dessin.
Mme Rollin: Regarde, tu trouves le bloc à dessin là, sur l'étagère.
Christian: Merci, madame.
Mme Rollin: Cinq euros, s'il te plaît.
Christian: Voici cinq euros. Au revoir, madame.
Mme Rollin: Au revoir.

1	2	3	4

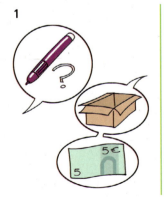   

b *Jouez les quatre scènes devant la classe.*
(Spielt die vier Szenen vor der Klasse vor.)

15 **Qu'est-ce que c'est?**

*Malt alle Formen, in denen Verben stehen, rot aus, alle Formen mit Nomen gelb,
alle Formen, in denen Farben stehen, grün, alle Formen, in denen Zahlen stehen,
blau und alle Formen, in denen Präpositionen stehen, schwarz.*

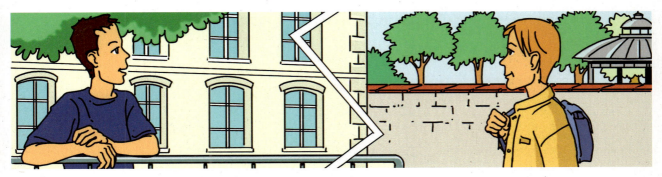

Christian begegnet Grégory zum ersten Mal auf dem Schulhof.

Formuliert den Dialog auf Französisch.

1. Christian begrüßt Grégory, stellt sich vor und fragt, wie Grégory heißt.

   Salut, je suis Christian. Et toi, tu t'appelles comment?

2. Grégory begrüßt Christian und stellt sich vor. Er fragt, ob Christian ein Neuer ist.

   Bonjour, je m'appelle Grégory. Tu es un nouveau?

3. Christian bejaht. Er sagt, dass er aus Berlin ist.

   Oui, je suis de Berlin.

4. Grégory sagt, dass er auch ein Neuer ist, dass er aus Marseille kommt und der Freund (le copain) von Victor ist.

   Moi aussi, je suis un nouveau. Je suis de Marseille et je suis le copain de Victor.

5. Christian fragt, ob er die Schule mag.

   Tu aimes le collège?

6. Grégory antwortet: ja und nein. Frau Bertaud ist eine sympathische Lehrerin.

   Oui et non. Mme Bertaud est un professeur sympa.

7. Christian sagt, dass er das auch findet und dass er auch die Kantine (la cantine) mag. Sie ist super.

   (Je suis) d'accord. J'aime aussi la cantine. Elle est super.

8. Grégory fragt, wo die Kantine ist.

   Elle est où, la cantine?

9. Christian antwortet, dass sie dort, hinter dem Hof ist.

   Elle est là, derrière la cour.

10. Grégory bittet Christian mitzukommen und sagt, dass Emma, Victor und Malika in der Kantine sind.

    Viens. Emma, Victor et Malika sont à la cantine.

17 **Ecouter: Bizarre, bizarre … un rêve ¹?**

 Ecoutez le dialogue. Vrai ou faux? (Hört euch den Dialog an. Richtig oder falsch?)

	VRAI	FAUX
Exemple: Le garçon, c'est Thomas.	x	
1. Le collège est vide.	x	
2. Thomas cherche monsieur Beckmann.		x
3. Thomas trouve Emma dans la cour.		x
4. Christian est là aussi.		x
5. La cour est vide.	x	
6. Pour Thomas, c'est le paradis.	x	
7. C'est un rêve.	x	
8. Le papa de Thomas est avec Thomas.		x

C'est vide.
C'est bizarre!

18 **Savoir faire: Le Cahier d'activités**

Mit der folgenden Übung könnt ihr das *Cahier d'activités* genauer kennen lernen.
Das Vorwort hilft euch bei der Beantwortung der Fragen.

Notiert die Antwort und daneben ggf. eine Seitenangabe als Beispiel.

1. Am Ende des Cahiers gibt es eine Liste der wichtigsten Übungsanweisungen.

   Sie heißt <u>Pour faire les exercices du cahier</u> und steht auf Seite <u>119</u>.

   Schaut dort nach und übersetzt *Ecrivez le texte dans votre cahier* ins Deutsche: <u>Schreibt den Text</u> <u>in euer Heft</u>.

2. Das Symbol ¹,²,³ bedeutet, dass <u>ein Wort in einer Fußnote erklärt wird,</u>

   z.B. bedeutet *Cherchez l'intrus* auf S. 8: <u>Sucht den Eindringling</u>.

3. Das Symbol ➤ bedeutet, dass <u>die Übung auf der folgenden Seite fortgesetzt wird,</u> z.B. auf S. <u>13</u>.

4. Worauf weisen die Zeichen § und §§ hin? <u>Auf den oder die Paragraphen im Grammatischen Beiheft,</u> <u>die bei dieser Übung gebraucht werden</u> z.B. auf S. <u>7 und 17</u>.

5. Wie heißen die Übungen, mit denen ihr euer Wissen selbst kontrollieren könnt? <u>Auto-contrôle,</u>

   z.B. auf S. <u>14</u>.

6. Im Cahier gibt es Übersichten, mit deren Hilfe ihr eure Fortschritte und Neigungen regelmäßig selbst

   einschätzen könnt. Sie heißen <u>Auto-évaluation</u>,

   z.B. auf S. <u>46</u>.

J'aime le Cahier
d'activités.

---

1 un rêve [ɛ̃ʀɛv] ein Traum

19 En français: Chercher et trouver.

Complétez les mots croisés. (Füllt das Kreuzworträtsel aus.) Verwendet Großbuchstaben.

Kreuzworträtsel mit folgenden Hinweisen und Lösungen:

- ↓ Tür
- ↓ Artikel
- Stuhl
- ↓ schmutzig
- ↓ Lehrer
- Wau → : OUAH
- ↓ Flasche
- Bank ↓
- Stuhl → : CHAISE
- ↓ Komm!
- grün → : VERT
- Mülleimer → : POUBELLE
- Katze → : CHAT
- Artikel → : LE
- und →
- Radiergummi → : GOMME
- ↓ hinter
- Zeichnung → : DESSIN
- ↓ kleben
- être: il ... → : EST
- Artikel →
- (ein) Neuer ↓
- Bleistift → : CRAYON
- → : ORANGE
- orange
- Plakat ↓
- 3 → : TROIS
- leer → : VIDE
- → : PAPIER
- Papier
- nein → : NON
- Hauptstadt
- 27 unter ↓
- il, elle, ... → : ON
- ↓ Straße
- → : PARIS
- deutsch ↓
- hier → : ICI
- ↓ Regal
- mit → : AVEC
- Auto → : VOITURE
- Spiel → : JEU
- finden
- Eingang ↓
- zusammen ↓
- sie → : ELLE
- Heft → : CAHIER
- Baum → : ARBRE
- gelb ↓
- → Mutter : MÈRE
- Foto → : PHOTO
- 5 ↓
- nun ja → : BEN
- 9 → : NEUF
- Mädchen
- dort ↓
- → : FILLE
- 1 → : UN
- → : VERBE
- Verb
- 2 → : DEUX
- danke → : MERCI

Eingetragene Buchstaben (rot) im Gitter:

P-O-R-T-E (↓ Tür), L-A (↓ Artikel)
OUAH (Wau →)
B-O-U-T-E-I-L-L-E (↓ Flasche)
CHAISE (Stuhl →), SALE (↓ schmutzig), PROFESSEUR (↓ Lehrer)
VERT (grün →), VIENS (↓ Komm!)
POUBELLE (Mülleimer →)
CHAT (Katze →), LE (Artikel →), ET (und →)
GOMME (Radiergummi →)
DERRIÈRE (↓ hinter)
DESSIN (Zeichnung →), COLLER (↓ kleben), EST (être: il ... →)
CRAYON (Bleistift →)
ORANGE
TROIS (3 →), VIDE (leer →)
PAPIER
NON (nein →), PARIS (Hauptstadt)
ON (il, elle, ... →), RUE (↓ Straße)
ICI (hier →)
AVEC (mit →), VOITURE (Auto →), JEU (Spiel →)
ENTRÉE (Eingang ↓), ENSEMBLE (zusammen ↓)
ELLE (sie →), CAHIER (Heft →), ARBRE (Baum →)
JAUNE (gelb ↓)
MÈRE (Mutter →), PHOTO (Foto →), BEN (nun ja →)
NEUF (9 →)
FILLE (Mädchen →), UN (1 →), VERBE
DEUX (2 →), MERCI (danke →)

20 A, B, C, …

a *Sucht zu jedem Buchstaben des folgenden Namens möglichst viele französische Wörter, die mit dem gleichen Buchstaben beginnen. Alle Wortarten und alle Verbformen sind erlaubt.*

Ihr könnt in der Klasse auch gegen die Uhr spielen. Wer findet in einer vorgegebenen Zeit ohne Vokabelliste die meisten Wörter?

derrière   d'accord
LA NATURE
NON
un nouveau
maintenant
un magasin DESSINER

A *Exemple:* une affiche, au revoir

M madame, un magasin, maintenant, merci

A aimer, allemand, je m'appelle, aussi

N la nature, non, un nouveau

D dans, dessiner, derrière, d'accord

I ici

N non, nouveau

E ensemble, entrer, une étagère, un exemple

b *Schreibt vier zusammenhängende Sätze mit den Wörtern aus der Tabelle in euer Heft.*

c *Welche französischen Wörter findet ihr zu den Buchstaben eures eigenen Namens? Ihr dürft anstelle eures Namens auch den eures Lieblingssängers wählen. Schreibt die Buchstaben eures Namens untereinander in die linke Spalte der Tabelle und füllt dann die rechte Spalte aus.*

21 **Auto-contrôle: On cherche Amandine.** → §§ 4, 6

Mithilfe dieser Aufgabe könnt ihr euer Wissen selbst kontrollieren.
Die Lösungen findet ihr auf Seite 120.
Regardez les dessins. Complétez les phrases avec les verbes, les articles et les prépositions.

trouver, poser, entrer, regarder, chercher, ramasser	le, la, l'	sur, sous, devant, derrière, dans

Exemple: Victor <u>cherche Amandine devant la</u>
voiture de M. Beckmann.

1. Emma <u>cherche</u> Amandine
<u>derrière la</u> poubelle.

2. M. Beckmann <u>entre dans le</u>
square. Mme Rollin <u>cherche</u> Amandine
<u>dans/sur l'</u> arbre.

3. M. Beckmann <u>cherche</u> Amandine
<u>sous le</u> banc. Mme Salomon <u>pose</u>
<u>le bloc</u> à dessin <u>sur le</u> banc.

4. Madame Salomon <u>regarde l'</u>
_____ affiche. C'est bizarre.

5. Madame Salomon <u>ramasse l'</u> affiche.
Et elle <u>trouve</u> Amandine.

LEÇON 3

A Tu habites où?

1 **La maison de Théo** → §§ 10, 11

Théo hat einige Gegenstände von Emma und ihren Freunden entwendet.

a *Schaut euch Théos Hundehütte genau an. Wenn die Aussage richtig ist, bestätigt sie, wenn sie falsch ist, verbessert sie. Nennt danach bei Gegenständen, von denen es mehrere gibt, die Anzahl.*

Exemple: Dans la maison de Théo, il y a un lit. <u>Oui, il y a un lit.</u>

Dans la maison de Théo, il y a un papier. <u>Non, il y a des papiers. Il y a sept papiers.</u>

1. Il y a des voitures. <u>Oui, il y a des voitures. Il y a quatre voitures.</u>

2. Il y a un livre. <u>Non, il y a des livres. Il y a cinq livres.</u>

3. Il y a un carton. <u>Non, il y a des cartons. Il y a deux cartons.</u>

4. Il y a des flûtes. <u>Non, il y a une flûte.</u>

5. Il y a un chat. <u>Non, il y a des chats. Il y a trois chats.</u>

6. Il y a un sac à dos. <u>Oui, il y a un sac à dos.</u>

7. Il y a une affiche. <u>Non, il y a des affiches. Il y a huit affiches.</u>

8. Il y a des bouteilles. <u>Oui, il y a des bouteilles. Il y a six bouteilles.</u>

9. Il y a un crayon. <u>Non, il y a des crayons. Il y a dix crayons.</u>

10. Il y a un classeur. <u>Oui, il y a un classeur.</u>

b *Deckt Théos Hundehütte mit einem Blatt Papier ab. Habt ihr ein gutes Gedächtnis?*
Versucht euch zu erinnern, welche Gegenstände Théo gesammelt hat.
Schreibt den unbestimmten Artikel (Begleiter) Singular oder Plural (Einzahl oder Mehrzahl)
vor die genannten Gegenstände und streicht dann diejenigen durch,
die sich nicht in Théos Hundehütte befinden.

1. ~~une~~ ~~guitare électrique~~   2. __des__ crayons   3. ~~des~~ ~~chiens~~   4. ~~une~~ ~~gomme~~

5. ~~un~~ ~~bloc~~   6. __une__ fenêtre   7. __une__ trousse   8. ~~des~~ ~~poubelles~~   9. __une__ assiette

10. __des__ affiches   11. ~~des~~ ~~chaises~~   12. __une__ photo d'Amandine   13. ~~une~~ ~~étagère~~

14. __des__ bouteilles   15. ~~une~~ ~~porte~~   16. __un__ sac à dos

17. __des__ livres   18. __des__ cartons

2 **Ah non, Valentin!** → § 9

Valentin hat sich in das Zimmer
seiner Schwestern geschlichen
und einige Gegenstände mitge-
nommen. Was fehlt und befindet
sich jetzt in seinem Zimmer?

Schaut euch, die Zeichnung
von Emmas und Manons Zimmer
auf Seite 29 im Schülerbuch noch
einmal an.

La chambre d'Emma.

La chambre de Valentin.

Exemple: Dans la chambre de Valentin, il y a maintenant le carton d'Emma, …

Continuez. Utilisez l'article défini «le, la, l', les».
(Macht weiter. Verwendet den bestimmten Artikel „le, la, l', les".)

1. les chats d'Emma
2. l'affiche d'Emma
3. les bouteilles d'Emma
4. les voitures d'Emma
5. le crayon d'Emma
6. l'ordinateur d'Emma
7. les dessins d'Emma
8. la poubelle d'Emma

3 **Un chien – le chien?** → §§ 9, 10

a *Complétez par l'article défini (bestimmter Artikel) «le, la, les» ou par l'article indéfini*
(unbestimmter Artikel) «un, une, des».

1. un chien
2. des cartons
3. une photo

4. la voiture de M. Beckmann
5. la cour de Mme Salomon
6. les dessins de Christian

 b *Erstellt in 5er-Gruppen gemeinsam ein Memory-Spiel mit 20 Karten. Dazu zeichnet jeder von euch
als Hausaufgabe zwei Karten-Paare nach unten gezeigtem Muster. Damit es keine Überschneidung gibt,
solltet ihr vorher pro Person zwei Gegenstände und einen Personennamen festlegen.
(Das Memory aus dem Vorkurs kann hinzugenommen werden.)*

*Nun habt ihr 20 Karten und das Spiel kann losgehen. Dabei sollt ihr beim Aufdecken beschreiben,
was auf der jeweiligen Karte dargestellt ist.*

*Wer ein Paar aufgedeckt hat, darf es behalten und weitermachen. Dieses Spiel könnt ihr
im Laufe der nächsten Lektionen beliebig mit neuen Wörtern erweitern.*

Exemple:

Voici un crayon.

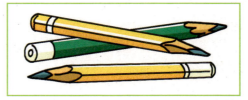

Voici des crayons.

Voici le bloc de Christian.

Voici les blocs de Christian.

4 Jeu de sons

Wenn ihr sehen wollt, wie ein Wort ausgesprochen wird, hilft euch die Lautschrift, die im Wörterverzeichnis in eckigen Klammern hinter jedem Wort steht. Jedes Zeichen entspricht einem Laut: Eine Übersicht findet ihr im Schülerbuch auf Seite 122.

a [õ], [ã] oder [ɛ̃]? *Sprecht die Wörter leise aus und kreuzt diejenigen an, die einen Nasalvokal enthalten.*

Non! [õ]   Amandine! [ã]   Viens! [ɛ̃]

1. bon [X]
2. poubelle [ ]
3. bien [X]
4. porte [ ]
5. magasin [X]
6. place [ ]
7. chambre [X]
8. aussi [ ]
9. comment [X]
10. Tiens! [X]
11. Salut! [ ]
12. ensemble [X]
13. allemand [X]
14. mais [ ]
15. garçon [X]
16. parents [X]

a *Schreibt die Wörter, die ihr in a angekreuzt habt, in die richtige Spalte. Ergänzt bei den Nomen (Hauptwörtern) den bestimmten Artikel.*

[õ]	[ã]	[ɛ̃]
bon	la chambre	bien
le garçon	comment	le magasin
	ensemble	tiens!
	allemand	
	les parents	

5 L'alphabet français

Die Akzente sind im Französischen nicht beliebig zu setzen, sondern sie zeigen vor allem beim Buchstaben „e", wie er ausgesprochen wird.

a *Schreibt nach dem Beispiel mindestens je drei Wörter mit*

• einem **apostrophe** ('): l'étagère / j'habite / je m'appelle / tu t'appelles / c'est / qu'est-ce que c'est / d'accord / d'abord

• einer **cédille** (ç): une leçon / ça / un garçon / français

• einem **accent aigu** (é): le prénom / l'idée / l'étage / la télévision / téléphoner / le/la propriétaire / électrique

• einem **accent grave** (è/à/ù): le collège / derrière / la pièce / à / où / le problème / là / la salle à manger

• einem **accent circonflexe** (ê, ô): être / rêver / allô / vous êtes

b *Ihr habt bereits zwei Wörter gelernt, die einen „accent aigu" und einen „accent grave" enthalten. Wie heißen sie?*

une

| é | t | a | g | è | r | e |

un / une

| é | l | è | v | e |

c *Ergänzt die Akzente im folgenden Text.*

M. et Mme Carbonne rêvent d'une maison avec cinq pièces. Ils regardent les annonces: Un jour, ils trouvent une maison avec deux étages dans la banlieue de Paris, mais Emma aime le quartier et le collège. Alors, avec Manon, elle cherche des idées. Voilà la solution: Emma téléphone à la propriétaire.

Das Cédille hängt nur am ç, der accent aigu steht nur auf é, der accent grave steht nur auf è, à, ù.

Miaou!

♡ **d** *Schreibt das Ende der Geschichte in euer Heft. Achtet dabei auch auf die Akzente!*

6 Une maison pour les Carbonne → § 12

Complétez avec les mots trouvés. (Ergänzt mit den Wörtern, die ihr gefunden habt.)

1. *Madame Carbonne:* __Bonjour__ [bõʒuʀ] madame, je __téléphone__ [telefɔn] pour l'annonce.

2. *Madame Leclerc:* Vous cherchez __un appartement__ [ɛ̃napaʀtəmã] ou une maison?

3. *Madame Carbonne:* Nous __cherchons__ [ʃɛʀʃõ] une maison de __deux étagères__ [døzetaʒ] ou un appartement de cinq pièces. Nous sommes cinq … six avec __le chat__ [ləʃa].

4. *Madame Leclerc:* Vous __aimez__ [eme] les chats?

5. *Madame Carbonne:* Oui, les enfants aiment les chats. Nous aimons aussi __la musique__ [lamyzik] et … le silence.

6. *Madame Leclerc:* Moi aussi, j'aime les chats. Je suis __la propriétaire__ [lapʀɔpʀijetɛʀ] d'__une maison__ [ynmɛzõ] de deux étages avec deux salles de bains. Voici l'adresse …

7. *Madame Carbonne:* Deux __salles de bains__ [saldəbɛ̃], c'est __super__ [sypɛʀ]. Je note[1] __l'adresse__ [ladʀɛs]: … 5, rue Racine à __Montrouge__ [mõʀuʒ]. Je suis là demain matin[2].

8. *Madame Leclerc:* Demain matin, __d'accord__ [dakɔʀ]. __Au revoir__ [ɔʀvwaʀ] madame et merci.

9. *Madame Carbonne:* Au revoir __madame__ [madam].

7 Je suis super! → § 13

a *Kreist im Buchstabengitter die Verbformen von „être" ein. Sie können senkrecht oder waagerecht angeordnet sein. Schreibt daneben alle Formen dieses Verbs.*

S	O	N	T	N	D	A	Ê
O	X	N	C	L	A	N	T
S	O	M	M	E	S	W	V
R	S	G	I	M	L	H	E
S	U	I	S	K	O	Ê	B
O	L	N	Ê	F	Q	T	M
E	X	J	U	H	H	E	D
S	F	E	S	T	U	S	M

infinitif: **être**	
je **suis**	
tu **es**	
il/elle/on **est**	
nous **sommes**	
vous **êtes**	
ils/elles **sont**	

_____
1 noter qc [nɔte] etw. notieren – **2 demain matin** [dəmɛ̃matɛ̃] morgen früh

b *Complétez avec les formes du verbe «être». Qui est-ce? (Ergänzt die Formen von „être".)*

1. Salut! Je _suis_ le garçon avec les crayons et le bloc et je dessine.

2. Mon père _est_ de Berlin. Et toi, tu _es_ de Berlin aussi?

3. Madame Salomon, vous _êtes_ dans un paradis! Vite, je dessine une affiche pour la nature.

4. Emma, Malika et moi, nous _sommes_ souvent dans le square Trousseau.

5. Les copains _sont_ super!

Qui est-ce? _C'est Christian._

8 Quelle horreur! → §§ 12, 13

Trouvez les verbes et complétez les mots croisés.
(Findet die Verben und ergänzt dann das Kreuzworträtsel.)

1. Christian et Malika dans le square Trousseau.

   Christian sur un banc et Malika

   des bouteilles et des papiers.

   Malika: Quelle horreur! C'est sale ici!

   Christian: Tu les bouteilles dans la poubelle?

   Malika: Oui! Les enfants et les parents le square.

2. Les Carbonne la télévision dans la salle à manger.

   M. et Mme Carbonne: Les enfants, nous un appartement de cinq pièces

   ou une maison. Voilà l'annonce d'une maison à Montrouge!

   Emma: Quoi? Qu'est-ce que vous ? Non, non et non!

   Vous, vous le quartier, mais nous, nous

   !

   M. Carbonne: Emma! Toi et Manon, vous dans une chambre!

   Et puis, les enfants les idées des parents,

   d'accord! Maintenant, je à la propriétaire.

11					12					
H	¹ E	N	T	R	E	N	T			13
A		⁶ R	E	G	A	R	D	E	N	T
B	³ R	A	M	A	S	S	E			E
I		⁴ P	O	S	E	S				L
T	⁵ A	I	M	E	N	T				E
E	⁷ C	H	E	R	C	H	O	N	S	P
Z	⁹ Q	U	I	T	T	E	Z			H
	² D	E	S	S	I	N	E			O
10 R	E	S	T	O	N	S				N
8 R	A	C	O	N	T	E	Z			E

9 Salade de lettres¹ → §§ 12, 13

Versucht die in den Schüttelwörtern versteckten Formen der Verben auf Théos Knochen zu entschlüsseln. Schreibt in die erste Zeile die richtige Form mit dem/den passenden Subjektpronomen (persönlichen Fürwort) und in die zweite Zeile den Infinitiv (Grundform).

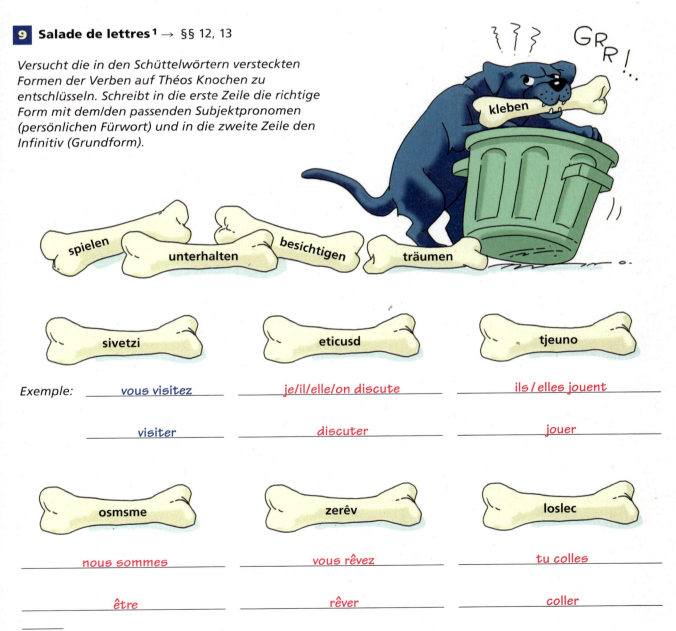

kleben

spielen · unterhalten · besichtigen · träumen

sivetzi	eticusd	tjeuno
Exemple: __vous visitez__	__je/il/elle/on discute__	__ils / elles jouent__
__visiter__	__discuter__	__jouer__

osmsme	zerêv	loslec
__nous sommes__	__vous rêvez__	__tu colles__
__être__	__rêver__	__coller__

---

1 une salade de lettres [ynsaladdǝlɛtʀ] ein Buchstabensalat

10 **Tu quittes le quartier?** → §§ 1, 4, 9, 10

a *Trouvez le bon article. Faites une croix dans la case qui convient.*
(Findet den richtigen Artikel. Kreuzt das passende Kästchen an.)

1. Emma, Christian, Victor et Malika sont dans le ☐ la ☒ un ☐ cour devant l' ☐ un ☐ le ☒ collège Anne Frank.

2. *Emma:* Il y a le ☐ des ☐ un ☒ problème.

3. *Christian:* Un problème?

4. *Malika:* Oui, des ☐ les ☒ le ☐ parents d'Emma visitent un ☐ des ☒ les ☐ appartements.

5. *Victor:* Bof … et où est le ☒ un ☐ la ☐ problème?

6. *Emma:* Maintenant, ils visitent un ☐ une ☒ la ☐ maison et la ☒ une ☐ des ☐ maison est à Montrouge. C'est le ☐ la ☒ les ☐ banlieue de Paris.

7. *Malika:* Mais, c'est super! Tu es dans le ☐ la ☒ les ☐ nature.

8. *Victor:* Quoi? Tu quittes le ☒ un ☐ les ☐ quartier et des ☐ un ☐ les ☒ copains?

9. *Christian:* Quelle horreur!

10. *Malika, Victor et Christian:* On cherche un ☐ une ☒ des ☐ solution et tu restes ici. On regarde une ☐ les ☒ l' ☐ annonces.

11. *Emma:* Merci.

b *Tragt die Nomen aus **a** unter dem Artikel ein, den ihr angekreuzt habt.*
Übersetzt sie anschließend. Was fällt euch auf?

En français	En allemand
un problème	ein Problem
une maison	ein Haus
une solution	eine Lösung
des appartements	Wohnungen
des affiches	Plakate / Poster
le collège	das Collège / die Schule
le problème	das Problem
le quartier	das Viertel
la cour	der (Schul)hof
la maison	das Haus
la banlieue	der Vorort
la nature	die Natur
les parents	die Eltern
les copains	die Freunde
les annonces	die Anzeigen

c *Regardez le dessin de la rue Richard Lenoir à la page 33 dans votre livre.*
Puis, traduisez en français. (Schaut euch das Bild der Rue Richard Lenoir auf Seite 33
im Schülerbuch an und übersetzt dann ins Französische.

Dans la rue Richard Lenoir, il y a …

• (Autos) des voitures

• (Katzen) des chats

• (ein Schreibwarenladen)

  une papeterie

• (Kartons) des cartons

• (ein Mädchen mit einer Gitarre)

  une fille avec une guitare

• (Mülleimer) une poubelle

• (ein Junge mit einem Zeichenblock)

  un garçon avec un bloc à dessin

• (Plakate) des affiches

• (ein Hund) un chien

• (Geschäfte) des magasins

„Des" hat im Deutschen keine Entsprechung!

11 **Lire et écouter: Une rue à Paris**

a *Lisez le texte. (Lest den Text.)*

Nous sommes dans une rue à Paris. Voilà une papeterie. Sur la porte de la papeterie, il y a une affiche
avec une guitare. Devant la papeterie, il y a une voiture. Devant la voiture, il y a un carton. Dans la voiture,
il y a un chien. Sur la voiture, il y a un chat. Sous la voiture, il y a un chien aussi. Derrière la voiture,
il y a une poubelle. Dans la poubelle, on trouve une bouteille. C'est une rue à Paris.

b *Ihr hört jetzt die Beschreibung der Straße in Paris. Ihr erfahrt etwas über die Farben auf dem Bild.*
Nehmt Farbstifte und markiert sie in der Zeichnung beim ersten oder zweiten Hören
mit einem Farbpunkt. Anschließend oder zu Hause habt ihr Zeit, alles in Ruhe auszumalen.

B On reste dans le quartier?

12 **C'est ma famille, c'est mon quartier.** → § 14

a *Collez des photos de votre famille dans votre cahier ou sur une affiche.*
Complétez les phrases avec «mon, ma, mes», le prénom ou le nom (Nachname).

Là, c'est __mon__ animal,

c'est un/une _____.

Voici __ma__ maman.

__Mon__ quartier/ __mon__ village[1]
s'appelle _____.

Et voici __mon__ papa.

C'est moi.

C'est __mon__ frère.

Là, ce sont __mes__ copains
et __mes__ copines.

Et c'est __ma__ sœur.

__Ma__ rue, c'est la rue _____.

__Mon__ collège,

c'est le Collège

_____.

_____
1 un village [ɛ̃vilaʒ] ein Dorf

13 **Emma est en colère!** → § 14

Ihr wisst, dass Valentin Gegenstände aus Emmas Zimmer entfernt hat (Übung 2).
Emma ist stocksauer und fordert diese jetzt wieder zurück.

a *Utilisez les adjectifs possessifs «mon, ma, mes».*
(Verwendet die Possessivbegleiter „mon, ma, mes".)

Exemple: «Ah non, Valentin, c'est mon carton. Et là, ce sont …»

1. Ce sont _mes chats._

2. _Ce sont mes affiches._

3. _Ce sont mes bouteilles._

4. _Ce sont mes voitures._

5. _C'est mon crayon._

6. _C'est mon ordinateur._

7. _Ce sont mes dessins._

8. _C'est ma poubelle._

Manon kommt hinzu und unterstützt Emma.

b *Arbeitet zu zweit und schlüpft abwechselnd in die Rolle von Manon.*
Utilisez les adjectifs possessifs «son, sa, ses».
(Verwendet die Possessivbegleiter „son, sa, ses")
Korrigiert euch gegenseitig, falls notwenig.

Exemple: «Oui, Valentin, c'est son carton. Et là, ce sont …»

14 **Là, ce sont mes parents.** → § 14

Complétez avec «mon, ma, mes, ton, ta, tes, son, sa, ses».

Malika, Emma et Christian regardent des photos.

Exemple: *Emma:* Là, ce sont _mes_ parents.

1. *Christian:* Et là, Emma, ce sont _ta_ sœur et _ton_ chat?

2. *Emma:* Oui, ce sont _ma_ sœur et _mon_ chat.

3. *Christian:* Et là, ce sont _tes_ copines?

4. *Emma:* Oui. Oh là là, elle est bizarre, la voiture de _ton_ père, Christian.

5. *Christian:* Moi, j'aime _sa_ voiture.

6. *Malika:* Et là, c'est madame Rollin dans _son_ magasin.

   Elle discute avec Victor et _son_ copain.

7. *Christian:* Voici _ma_ maman et _ses_ copines de Berlin.

8. *Malika:* Elle est super, _ta_ maman.

15 C'est Mme Salomon. → § 5

Qui est-ce? Complétez les phrases avec «il» ou «elle»
et trouvez de qui il s'agit. (... um wen es sich handelt.)

Exemple: <u>Elle</u> habite dans une cour avec son chien. → C'est <u>madame Salomon</u>.

1. <u>Elle</u> aime la nature, son paradis et son nouveau copain Christian. → C'est <u>Malika</u>.

2. <u>Il</u> est dans le quartier avec son bloc à dessin et son crayon. → C'est <u>Christian</u>.

3. <u>Il</u> habite avec ses sœurs et ses parents. <u>Il</u> joue avec l'ordinateur. → C'est <u>Valentin</u>.

4. <u>Elle</u> est sympa. <u>Elle</u> aime ses élèves et son collège. → C'est <u>Mme Bertaud</u>.

5. <u>Elle</u> discute avec ses parents. <u>Elle</u> reste dans son quartier. → C'est <u>Emma</u>.

6. <u>Il</u> habite aussi dans le quartier. Sa voiture est bizarre et son nom est allemand. → C'est <u>M. Beckmann</u>.

16 Il y a un problème. → §§ 12, 13, 14

Die Übung findet ihr auf Seite 116.

17 En français: C'est super.

> **Ah non, alors!** **Allô?** **Bof!** **C'est super!** **Chut!** **D'accord!** **Hein?**
> **Je suis en colère!** **Pardon!** **Quelle horreur!** **Quoi?** **Silence!** **Tiens!** **Zut!**

Welche Ausrufe verwendet ihr, wenn ihr das Folgende sagen wollt?

1. Du empfindest vor etwas Abscheu: <u>Quelle horreur!</u>

2. Du findest etwas toll: <u>C'est super!</u>

3. Du bist (mit etwas) einverstanden: <u>D'accord!</u>

4. Du hast etwas vergessen/fallen gelassen: <u>Zut!</u>

5. Du bist wütend: Je suis en colère! <u>Je suis en colère! / Ah non, alors</u>

6. Du hast jemanden nicht verstanden: <u>Pardon! / Hein? / Quoi?</u>

7. Du bittest um Ruhe: <u>Chut! / Silence!</u>

8. Du findest etwas ziemlich uninteressant: <u>Bof!</u>

9. Du bist überrascht: <u>Tiens!</u>

10. Du meldest dich in Frankreich am Telefon: <u>Allô?</u>

18 **Lire: Qui est qui?**

a *Lisez les textes. (Lest die Texte.)*

– Salut! Je m'appelle Elodie. J'aime les chiens et les chats, la nature et le sport.
  J'aime le basket et le rugby. Mon chien s'appelle Joker. Il est noir et super sympa.

– Salut à tous! Je m'appelle Jérémie. J'ai dix ans. J'aime les voitures, le foot et le judo.
  Je rêve d'une Porsche rouge. Je dessine des affiches pour mon collège.

– Je m'appelle Cathy. J'ai treize ans, je mesure 1 m 60. Je joue au tennis. J'aime le sport,
  surfer sur Internet et être dans la nature. Je respecte la nature. Je ramasse souvent
  les bouteilles et les papiers devant et derrière les poubelles et sous les bancs.
  Une nature sale, quelle horreur! Mon chat est marron. Il s'appelle Tigris.

– Je suis Vincent, bonjour. Je suis nouveau au collège. J'aime l'allemand et jouer à l'ordinateur.
  Mon frère et moi, nous jouons souvent ensemble. Ma mère est de Berlin, mon père est de Paris.
  A la maison, nous discutons en allemand et en français.

b *Schreibt die Namen der Kinder, auf die die Aussage zutrifft, in die rechte Spalte.*
Achtung: Es können mehrere Namen richtig sein!

1. Er / Sie liebt die Natur.	Elodie; Cathy
2. Er / Sie beschäftigt sich gerne mit dem Computer.	Cathy; Vincent
3. Er / Sie zeichnet gerne.	Jérémie
4. Er / Sie mag zwei Ballsportarten.	Elodie
5. Er / Sie hat ein Haustier.	Elodie; Cathy
6. Er / Sie sagt, wie groß er/sie ist.	Cathy
7. Er / Sie ist 10 Jahre alt.	Jérémie
8. Er / Sie ist neu in der Schule.	Vincent

c *Traduisez en allemand.*
(Übersetzt ins Deutsche.)

aimer + le / la / les

1. J'aime les chiens et les chats. Ich mag / liebe Hunde und Katzen.

2. Je dessine des affiches pour mon collège. Ich zeichne Plakate für meine Schule.

3. J'aime les voitures. Ich mag / liebe Autos.

4. Je ramasse les bouteilles et les papiers devant et derrière les poubelles et sous les bancs. Ich hebe die
   Flaschen und Papiere vor und hinter den Mülleimern und unter den Bänken auf.

5. J'aime l'allemand. Ich mag / liebe Deutsch.

19 **Auto-contrôle 1: Une maison ou un appartement?** → §§ 12, 13

Mithilfe dieser Aufgaben könnt ihr euer Wissen selbst kontrollieren.
Die Lösungen zu dieser Aufgabe findet ihr auf Seite 120.

a *Füllt das Kreuzworträtsel mit den*
gewünschten Verbformen aus.

1 être: je
2 raconter: on
3 être: vous
4 téléphoner: elles
5 rêver: nous
6 être: tu
7 discuter: vous
8 être: ils
9 habiter: j'
10 visiter: tu

Mithilfe der beige unterlegten Buchstaben könnt ihr die Bezeichnung
der folgenden Tiere herausfinden. Die englische Sprache hilft euch dabei.

C'est un É L É P H A N T   *C'est un* L I O N

b *Mettez les lettres dans le bon ordre. (Bringt die Buchstaben in die richtige Reihenfolge.)*

1. Les parents Carbonne (vêtner) __rêvent__ d'un appartement de cinq pièces.

2. Ils (tevisint) __visitent__ des appartements.

3. *M. Carbonne:* «Nous (tontisqu) __quittons__ l'appartement dans trois mois,

   vous (sête) __êtes__ d'accord?»

4. Mais Emma (tes) __est__ en colère: «Nous (mesmos) __sommes__

   à deux dans une chambre. Où est le problème?

5. J'(emai) __aime__ le quartier et je (serte) __reste__.»

20 **Auto-contrôle 2: Théo aime Amandine.** → §§ 1, 4, 9, 10, 14

Die Lösungen zu dieser Aufgabe findet ihr auf Seite 120.

a *Complétez avec «le, la, l', les, un, une, des».*

1. _Le_ chien de Mme Salomon, Théo, aime _un_ chat. 2. C'est _le_ chat d'Emma. 3. Ils jouent

ensemble et ils discutent dans _le_ square. 4. Amandine raconte: «On quitte _l'_ appartement pour

Montrouge, c'est dans _la_ banlieue de Paris. 5. Là, il y a _une_ maison pour _la/une_ famille.»

6. Théo pose _une_ question: «Tu es d'accord, Amandine?» 7. Amandine: «Mais non.»

Amandine rêve. Elle cherche _un_ copain. 8. Il y a _des_ chats et _des_ chiens à Montrouge,

mais _les_ chats de Montrouge aiment _le_ silence. 9. Amandine aime _la_ musique.

10. Et _les_ chiens sont _des_ dobermans. 11. Ils aiment _les_ chats comme dessert[1]. Quelle horreur!

b *Complétez avec «le, la, les, un, une, des, son, sa, ses».*

1. Dans _le_ texte, Emma raconte _les_ problèmes de _sa_ famille. 2. _Ses_ parents visitent

des appartements. 3. Ils cherchent _un_ appartement de cinq pièces ou _une_ maison.

4. Emma et _sa_ sœur sont à deux dans _une_ chambre. 5. _Ses_ parents trouvent _une_ maison

à Montrouge, dans _la_ banlieue de Paris. 6. _La_ maison est super avec _ses_ deux salles

de bains et _ses_ cinq pièces. 7. Et _la_ propriétaire est d'accord. 8. Mais, il y a Emma et

son idée fixe[2]: rester dans le quartier.

21 **Chanson: Un éléphant**

*Hört euch das Lied auf der CD an. Versucht es mithilfe der Karaoke-Version nachzusingen
und malt die Elefanten aus.*

1. Un éléphant se balançait Sur une toile d'araignée Il trouvait ça si amusant Qu'il alla chercher un autre éléphant	2. Deux éléphants se balançaient Sur une toile d'araignée Ils trouvaient ça si amusant Qu'ils allèrent chercher un autre éléphant	3. Trois éléphants …

―――――
1 un dessert ein Nachtisch; **comme dessert** als Nachtisch – **2 une idée fixe** eine fixe Idee

Auto-Evaluation

Du lernst schon seit einigen Monaten Französisch. Daher findest du hier ein Angebot, einmal über deine bisher erreichten Fertigkeiten nachzudenken.

Male die Ampeln an der passenden Stelle an. Wenn du dir nicht sicher bist, dann schau dir noch einmal die Übungen in der rechten Spalte an.

Die Fertigkeiten, bei denen du „muss ich noch üben" eingetragen hast, solltest du dir in den nächsten vier Wochen noch einmal genau vornehmen. Vielleicht schaffst du es, auch in diesen Bereichen noch besser zu werden.

Frage evtl. auch deinen Lehrer/deine Lehrerin, ob er/sie dir hierzu noch weitere Tipps geben kann

Selbsteinschätzung vom: _____.
Trage hier bitte das Datum ein.

sehr gut   gut   muss ich noch üben

	Hören Ich kann …		Übung im …
1	… einem Hörtext das Wesentliche entnehmen und anschließend auf Fragen zum Text mit *ja* oder *nein*, *richtig* oder *falsch* antworten.		CdA L 2 / Ex. 17; SB L 3A / Ex. 7
2	… einem Hörtext Informationen entnehmen, die ich anschließend in einem Bild einzeichne.		CdA L 3 / Ex. 11
	Sprechen Ich kann …		Übung im …
1	… jemanden auf Französisch begrüßen, mich vorstellen und mich dann verabschieden.		SB L 1 / Ex. 3; CdA L 1 / Ex. 10b
2	… Fragen zu Personen, Sachen, Orten und Tätigkeiten stellen.		SB L 2 / Ex. 8; CdA L 2 / Ex. 16
3	… Personen Fragen zu ihrer Herkunft und zu ihrem Wohnort stellen und Rückfragen beantworten.		SB L 3B / Ex. 4
	Lesen Ich kann …		Übung im …
1	… einen kurzen Text mit mir bekannten Vokabeln lesen und dazu Verständnisfragen beantworten.		CdA L 3 / Ex. 18
	Schreiben Ich kann …		Übung im …
1	… einen kurzen Dialog z. B. zum Thema „Einkaufen" schreiben.		CdA L 2 / Ex. 14
2	… die besonderen Schriftzeichen des Französischen korrekt verwenden: *é, è, à, ù, ê, ô, ç*.		CdA L 3 / Ex. 5
	Interkulturelles Lernen und Landeskunde		Übung im …
1	Ich weiß, was für Räume und Einrichtungen es in einem *collège* gibt: *le CDI, une bibliothèque, une cantine, une cour, un gymnase,* etc.		LB L 1 / Album
2	Ich kenne typische Einrichtungen und Sehenswürdigkeiten in einem Pariser Stadtviertel: *une librairie, un marché, des places,* etc.		LB L 2 / Album

LEÇON 4

Les activités

1 **Qui arrive?** → §§ 11, 17

Voilà le quatorze, le …

Continuez à la place d'Amandine. (Macht für Amandine weiter.)

… le vingt-neuf, le cinq, le trente, le vingt et un, le dix-huit, le deux, le quinze, le neuf, le six,

le vingt-sept, le dix, le treize, le seize, le quatre, le vingt-cinq, le douze

2 **Un message chiffré[1]** → §§ 11, 17

30	2	15	23
12	6	4	19
3	14	24	7
13	16	5	11

Thomas gibt Emma eine verschlüsselte Botschaft.

a *Schreibt die Zahlen von links nach rechts in die Lücken.*

t r e n t e / d e u x / q u i n z e / v i n g t - t r o i s /
d o u z e / s i x / q u a t r e / d i x - n e u f / t r o i s /
q u a t o r z e / v i n g t - q u a t r e / s e p t /
t r e i z e / s e i z e / c i n q / o n z e

b *Um die Botschaft zu lesen, reiht die Buchstaben aus den rot umrandeten Kästchen aneinander.*

r e n d e z - v o u s / a u / s q u a r e / a p r è s / l' é c o l e .

---

1 un message chiffré [ɛ̃mesaʒʃifʁe] eine Geheimbotschaft

3 Le nouveau dans le club d'escalade

Complétez le texte.
Mettez les verbes à la bonne forme.
(Setzt die Verben in der richtigen Form ein.)

en bas – en haut – débuter – ramasser – grimper (3 x) – gymnase – mur d'escalade – attacher – corde (2 x) – casque (2 x) – peur

1. Marc est nouveau dans le club d'escalade, il ___débute___ . **2.** Aujourd'hui, il a rendez-vous

avec les copains au  ___gymnase___ . **3.** Là, il y a un

 ___mur d'escalade___ . **4.** Les copains sont déjà là. Le prof ___attache___

Marc avec une ___corde___ . On ne ___grimpe___ pas sans

___corde___ . **5.** Marc a aussi ___un casque___ . **6.** Il aime le sport,

il n'a pas ___peur___ . **7.** Il ___grimpe___ sur le mur et arrive  ___en haut___

sans problème. **8.** Les copains restent ___en bas___ . Ils regardent Marc. Il est super.

9. Les copains ___grimpent___ aussi. **10.** Puis ils ___ramassent___ les cordes et les

 ___casques___ . Marc: «C'est super, l'escalade».

4 Les activités au collège Anne Frank → §§ 15, 16

a *Qu'est-ce que les filles et les garçons font? Du foot? De la natation?*
De l'escalade? Regardez les images et complétez.

le foot
le vélo
le tennis
la natation
le ping-pong
le judo
le surf
le ski
la danse
le roller
l'escalade *(f)*
la gymnastique
le skateboard

① Nathalie

②  Stéphane

③ Armelle

④ Aurélie

⑤ 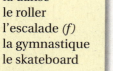 Mélanie

⑥ Magali

⑦ Vincent

⑧ Tino

⑨ Naïma

⑩  Florence

⑪  Sébastien

⑫ Sandrine

⑬  Christophe

b *Encerclez les formes du verbe «faire».*
(Kreist die Verbformen von „faire" ein.)

U	A	F	I	E	B	S	A
F	T	A	P	F	A	I	T
A	O	I	M	E	T	H	U
I	L	S	P	F	A	I	S
S	E	C	S	O	I	P	A
O	N	F	A	I	T	E	S
N	T	I	R	B	A	L	T
S	E	A	F	O	N	T	O

c *Erstellt eine Übersicht über die Formen dieses Verbs.*

infinitif: **faire**
je **fais**
tu **fais**
il, elle, on **fait**
nous **faisons**
vous **faites**
ils, elles **font**

d *Complétez avec les formes du verbe «faire» et donnez la bonne réponse.*
(Vervollständigt mit den Formen des Verbs „faire" und gebt die richtige Antwort an.)

1. Christian, qu'est-ce que tu **fais** ? Je **fais une vidéo** .	
2. Et vous, Thomas et Malika, qu'est-ce que vous **faites** ? Nous **faisons un jeu** .	
3. Et Mme Salomon, qu'est-ce qu'elle **fait** ? Elle **fait son/ le lit** .	
4. Et Amandine et Théo, qu'est-ce qu'ils **font** ? Ils **font une photo** .	

5 **Qu'est-ce qu'ils font?** → §§ 15, 16

de + le → du
de + les → des

de — l'école
de — le square
de — la papeterie
de — les Carbonne

de l'école
du square
de la papeterie
des Carbonne

4

le square 1. les Carbonne 2. la voisine 3. l'école
4. la prof d'allemand 5. le square 6. le doberman
7. les enfants

Amandine hat sich versteckt. Théo sucht sie überall.

Exemple:

 Théo cherche Amandine sur les arbres du square.

a *Continuez. (Macht weiter.)*

Il cherche aussi …

1. dans l'appartement des Carbonne   .

2. sous la voiture de la voisine   .

3. dans la cour de l'école   .

4. derrière les cartons de la prof d'allemand   .

5. dans la poubelle du square   .

6. dans la maison du doberman   .

7. sous les lits des enfants   .

b *Verwendet die richtigen Verbformen von „faire" und ergänzt sie mit den Aktivitäten aus der Aufgabe* **4 a***. (Die Zahl in Klammern bezieht sich auf die entsprechende Nummer in der Übung.)*

1. Emma (4) fait de la natation   .

2. Et Nathalie et Luc? Ils (2) font du surf   .

3. Et vous, Christian et Laurent, vous (5) faites du vélo   ?

   – Non, nous (10) faisons du tennis   .

4. Victor, tu (1) fais du foot   ?

   – Non, aujourd'hui, je (7) fais du ski   .

5. Qui (6) fait du ping-pong   ? – Moi!

6. Les enfants, on (8) fait du judo   ?

   – Ah oui, monsieur! Il y a un club pour ça?

c *Et vous? Qu'est-ce que vous faites? Ecrivez dans votre cahier.*

d *Jouez en classe! Spielt der Klasse die Sportarten, die ihr betreibt, als Pantomime vor. Die anderen raten, um welchen Sport es sich handelt. Stimmt die Aussage, bestätigt ihr sie; ist die Aussage falsch, verneint ihr sie.*

Exemple:

 – Tu fais de l'escalade? Oui, je fais de l'escalade.

 – Non, c'est faux.

Je fais de l'escalade!

ATTENTION :
faire + de +
sport / jeu / activité!

6 Au quartier → § 15

à + le → au
à + les → aux

square 1. le collège 2. le «paradis» 3. la maison de Mme Salomon 4. les clubs du collège 5. le gymnase 6. la porte des Carbonne 7. l'école

Théo und Amandine gehen in ihrem Stadtviertel spazieren.

Exemple:

Amandine et Théo sont au square.

a *Continuez. (Macht weiter.)*

Ils sont aussi …

1. au collège

2. au «paradis»

3. à la maison de Mme Salomon

4. aux clubs du collège

5. au gymnase

6. à la porte des Carbonne

7. à l'école

b *Schaut euch die Übung 5 b noch einmal an. In drei Sätzen kann man auch das Verb «jouer» verwenden. Welche sind es? Schreibt sie auf.*

Exemple: Nous jouons au tennis.

Victor, tu joues au foot.   Qui joue au ping-pong?

c *Complétez les phrases avec le verbe «jouer». (Vervollständigt die Sätze mit dem Verb „jouer".)*
Achtet dabei auf „de" oder „à" mit Artikel.

1. Luc et Thibault <u>jouent au foot</u> ?

2. Jonathan <u>joue à l'ordinateur</u> ?

3. Magalie, tu <u>joues de la guitare</u> avec nous?

4. Zoé et Bernard, vous <u>jouez aux jeux vidéo</u> ?

5. *Emma:* Je <u>joue de la flûte</u> ?

6. Christian rêve de <u>jouer au tennis</u> ?

7 Tu as quel âge? → §§ 11, 17

a *Complétez. (Ergänzt.)*

Amandine   Thomas _____   Ensemble, Emma et Victor   M. Boulay _____

<u>a deux ans.</u>   <u>a douze ans.</u>   <u>ont vingt-deux ans.</u>   <u>a trente ans.</u>

Le copain de Théo _____   La sœur de Victor   Adrien Carbonne _____   Et toi? J' <u>ai onze ans.</u>

<u>a un an.</u>   <u>a seize ans.</u>   <u>a vingt-cinq ans.</u>   _____

b *Fragt zwei eurer Klassenkameraden auf Französisch, wie alt sie sind.*
Schreibt zunächst die Frage, die ihr ihnen stellt, auf und notiert dann
das Alter der beiden jeweils in einem ganzen Satz in euer Heft.

8 Le groupe de rock → §§ 16, 18

Complétez avec les formes des verbes «avoir» et «faire».

> Ils sont. Ils ont. Ils font. Attention!

1. Patrick __fait__ de la musique rock. Il __a__ une guitare électrique.   2. Son ami Laurent __fait__ du piano et ils jouent ensemble.   3. Mais ils cherchent un groupe. Un après-midi, ils discutent

avec les copains. *Laurent:* Vous __faites__ de la musique? Nous cherchons un groupe.   4. *David:* Oui, Gregory et moi, nous __faisons__ aussi de la musique.   5. Nous __avons__ un groupe au collège.

6. Faire de la musique, c'est super! Mais il y __a__ un problème. Où? Tu __as__ une idée? *Patrick:* Oui, j'__ai__ une idée. Nous __faisons__ de la musique dans une usine[1] vide.

7. Alors, on joue ensemble? Vous __avez__ envie?   8. Maintenant, ils __ont__ une salle dans l'usine, et le mercredi après-midi, ils __font__ de la musique rock. C'est super.

9 Non, non et non! → § 19

a *Complétez les réponses. Utilisez la négation avec «ne ... pas».*
(Ergänzt die Antworten. Verwendet die Verneinung mit „ne ... pas".)

> Emma, tu regardes la télé?

> Thomas et Victor, ils jouent au foot?

> Vous cherchez la maison des Carbonne?

Emma: Non, maman, je __ne regarde pas la télé, je regarde les annonces.__

Malika: Non, monsieur, ils __ne jouent pas au foot, ils font de l'escalade.__

Une femme: Non, nous __ne cherchons pas la maison des Carbonne, nous cherchons la maison de Madame Salomon.__

Christian, tu fais les devoirs?

Amandine est sur ton lit?

Emma, tu joues avec mes voitures?

Christian: Non, je ne fais pas les devoirs, je dessine une affiche.

Manon: Non, elle n'est pas sur mon lit, elle est sur l'étagère.

Emma: Non, je ne joue pas avec tes voitures, je joue avec Amandine.

M. Boulay est en colère. Qu'est-ce qu'il dit à Thomas? (Was sagt Herr Boulay zu Thomas?)

b *Achtet dabei vor allem auch auf die richtige Stellung der Verneinung!*

Exemple: 1. pas – Le mur – facile – n' – d'escalade – facile! – est **Le mur d'escalade n'est pas facile!**

2. ne – Ça – Thomas! – pas, – va **Ça ne va pas, Thomas!**

3. corde! – fait – pas – on – ne – de l'escalade – sans – Ici, **Ici, on ne fait pas de l'escalade sans corde!**

4. père – et – vous – toi, – pas – des – grimpez – casques? – ne – avec – Ton

   Ton père et toi, vous ne grimpez pas avec des casques?

5. est – Ce – n' – bien! – pas **Ce n'est pas bien!**

6. tu – Maintenant, – pas – as – n' – peur – d'accord! **Maintenant, tu n'as pas peur, d'accord!**

10 Ah non!

Victor soll für die Schülerzeitung einen Bericht über das Klettern schreiben. Er macht sich einige Notizen:

1. Aujourd'hui – les élèves – faire de l'escalade – gymnase
2. M. Boulay – être – prof de sport
3. Thomas – grimper – sans corde
4. Il – avoir 12 ans
5. Pour Thomas – le mur d'escalade – être un problème
6. M. Boulay – être en colère

Leider hat Victor keine Zeit,
den Bericht sofort zu schreiben,
weil er zum Musikunterricht muss.
Seine Schwester Mathilde bietet
ihm ihre Hilfe an, aber sie spielt
ihm einen Streich und schreibt
folgenden Text:

1. Aujourd'hui, les élèves font de l'escalade <u>à Fontainebleau</u>.
2. <u>Mme Bertaud</u> est <u>la</u> prof de sport.
3. Thomas grimpe <u>avec une</u> corde.
4. Il a <u>13</u> ans.
5. Pour Thomas, le mur d'escalade est <u>bizarre</u>.
6. <u>Les élèves sont</u> en colère.

a *Der Text enthält inhaltliche Fehler.*
Unterstreicht die falschen Stellen.

b *Stellt die falschen Aussagen in eurem Heft richtig.*
Verwendet dabei die Verneinung.

Exemple: <u>1. Aujourd'hui, les élèves ne font pas de l'escalade à Fontainebleau.</u>

<u>Ils font de l'escalade au gymnase.</u>

11 **Qu'est-ce que tu aimes?** → § 19

a *Lest zunächst den Text und übersetzt*
dann die unterstrichenen Aussagen von
Gabriel der Reihe nach ins Deutsche.

J'aime l'escalade!
Je n'aime pas les chiens!

prrrt!

Salut! Je suis Gabriel. J'ai dix ans et j'ai une famille bizarre. <u>Ma mère aime les chats:</u> Nous avons six chats. <u>Mon père n'aime pas les animaux,</u> mais il respecte les chats. J'ai deux sœurs. <u>Elles jouent au tennis et elles jouent de la guitare.</u> Moi, je n'aime pas le sport. Quelle horreur! Et la musique, non merci! <u>J'aime les jeux vidéo</u> et jouer à l'ordinateur. <u>Je n'aime pas l'allemand,</u> mais ma prof est sympa …

ATTENTION!
(ne pas) aimer +
bestimmter Artikel!

1. <u>Meine Mutter mag Katzen.</u>

2. <u>Mein Vater mag keine Tiere.</u>

3. <u>Sie spielen Tennis und (sie spielen) Gitarre.</u>

4. <u>Ich mag / liebe Videospiele.</u>

5. <u>Ich mag Deutsch nicht / kein Deutsch.</u>

4

b *Nehmt ein großes Blatt Papier, schreibt euren Namen darauf und faltet es dann in der Mitte. Zeichnet in die Mitte der linken Hälfte ein großes Herz mit der Überschrift „J'aime …" und schreibt um das Herz herum, was ihr mögt. Zeichnet in der Mitte der rechten Hälfte ein durchgestrichenes Herz mit der Überschrift „Je n'aime pas …" und schreibt darum herum, was ihr nicht mögt. Stellt eure Plakate euren Mitschülern vor und hängt sie dann im Klassenzimmer aus.*

> Et toi, qu'est-ce que tu aimes et qu'est-ce que tu n'aimes pas?

12 J'aime … et je n'aime pas … → § 19

Kreuze im linken Teil der Tabelle an, was du magst und nicht magst. Befrage dann deinen Nachbarn/ deine Nachbarin und kreuze seine/ihre Antworten im rechten Teil der Tabelle an.

Exemple: – Tu aimes la natation? → – Oui, j'aime la natation. / – Non, je n'aime pas la natation.
– Tu n'aimes pas le foot? → – Si, j'aime le foot.   / – Non, je n'aime pas le foot.

	Toi		Ton voisin / Ta voisine	
	J'aime	Je n'aime pas	Il/Elle aime	Il/Elle n'aime pas
COLLEGE				

13 **Oui, non, si …** → § 19

Trouvez les questions.

Sébastien, der seit ein paar Tagen
auf dem Collège Anne Frank ist,
hat sich mit Thomas angefreundet.
In einem Telefongespräch stellt er ihm
ein paar Fragen über seine neuen Mitschüler.
Wonach fragt er ihn?

Exemple:

1. «   Emma habite 15 rue R. Lenoir   ?» – «Oui, Emma habite 15 rue R. Lenoir.»

2. «   Victor n'est pas le voisin d'Emma   ?» – «Si, Victor est le voisin d'Emma.»

3. «   Victor aime le sport   ?» – «Non, il n'aime pas le sport. Il aime la musique.»

4. «   Le père de Victor est policier   ?» – «Non, le père de Victor n'est pas policier.»

5. «   Victor n'a pas trois sœurs   ?» – «Si, Victor a trois sœurs.»

6. «   Christian est de   Paris?» – «Non, Christian est de Berlin.»

7. «   Christian trouve Malika sympa   ?» – «Oui, Christian trouve Malika sympa. Moi aussi.»

▲ **14** **Mme Bertaud aime le foot!**

Racontez l'histoire et écrivez-la (schreibt sie) dans votre cahier.

Mercredi après-midi –
aujourd'hui – filles –
gymnase – aimer – sport

~~aimer~~ – escalade – mais –
aimer – foot –
Mme Bertaud – aimer –
aussi – foot – jouer – avec

Malika – jouer – ~~avoir envie~~

tout à coup – garçons –
entrer – gymnase – arriver –
avec – cordes – casques

filles – discuter – garçons

puis – jouer au foot –
ensemble – maintenant –
Malika – avoir envie –
jouer – avec – garçons –
Pourquoi? – aimer Christian

4

15 **Ecouter: On cherche des correspondants[1].**

<u>Caroline</u>   <u>Marc</u>   <u>Céline</u>   <u>Patrick</u>

a *Schaut euch zunächst die Bilder von Patrick, Céline, Marc und Caroline an.
Versucht beim ersten Hören herauszufinden, welche Zeichnung zu welchem Schüler
oder welcher Schülerin passt und schreibt dann den Namen darunter.*

b *Lest euch zunächst die Aussagen durch. Ihr hört jetzt jedes Kind noch ein- oder zweimal.
Kreuzt den zutreffenden Namen an.*

	Patrick	Céline	Marc	Caroline
1. Son nom de famille commence[2] par un «P».				X
2. Il/Elle habite 21 rue Béranger.		X		
3. Il/Elle n'a pas de frères et de sœurs.			X	
4. Il/Elle a deux chats.	X			
5. Il/Elle aime le sport et le foot.		X		
6. Il/Elle aime le silence et sa famille.				X
7. Il/Elle aime les BD et le théâtre.			X	
8. Il/Elle aime son ordinateur et les maths.	X			
9. Il/Elle n'aime pas les chats.		X		
10. Il/Elle n'aime pas la musique rock.				X
11. Il/Elle n'aime pas les maths.			X	
12. Il/Elle n'aime pas le foot et la natation	X			

c *Du willst einem der Kinder eine E-Mail schreiben, in der du dich vorstellst.
Fülle zunächst diesen Steckbrief über dich aus.*

Nom: _____

Adresse (ville et rue)**:** _____

_____

Age: _____ ans

Je n'aime pas: _____

Frères et sœurs (nom/s et âge)**:** _____

_____

_____

Animaux (nom/s et âge)**:** _____

J'aime: _____

_____

1 un correspondant/une correspondante ein Brieffreund/eine Brieffreundin – **2 commencer par qc** mit etw. anfangen

d *Schreibe nun die ausformulierte Mail auf.*

Bonjour! _____

Je m'appelle … _____

J' _____

_____

_____

_____

16 **En français: Au club de sport**

Du bist mit deinen Freunden/Freundinnen in der Turnhalle um Fußball zu spielen.
Ein Junge kommt herein und möchte mitspielen. Er ist Franzose.

Der Trainer, der kein Französisch spricht, bittet dich zu übersetzen.

Trainer	du	der Junge
Begrüße ihn und frage, wie er heißt.	1. Bonjour. __Tu t'appelles comment__ ?	Je m'appelle Maurice.
	2. Er heißt __Maurice__ .	
Ist er aus Paris?	3. Tu __es de Paris__ ?	Non, je suis de Lyon. Mais maintenant, j'habite ici.
	4. __Nein, er ist aus Lyon.__	
	__Aber jetzt wohnt er hier__ .	
Mag er Fußball?	5. __Est-ce que tu aimes le football__ ?	
	6. __Na ja__ !	Bof.
Mag er keinen Sport?	7. __Tu n'aimes pas le sport__ ?	
	8. __Doch, aber er mag Fußball nicht__ .	Si, mais je n'aime pas le foot. J'aime le volley. Ce n'est pas le club de volley ici?
	__Er mag Volleyball__ .	
	Er fragt ob, __das hier nicht der Volleyball-Club ist__ .	
Sag ihm, dass der Volleyball-Club mittwochs nicht da ist.	9. __Le club de volley n'est pas__	Ce n'est pas grave. Alors, je joue au foot avec vous.
	__là, le mercredi__ .	
	10. __Er sagt, dass das nicht schlimm ist und__	
	__dass er mit uns Fußball spielt__ .	
Toll! Herzlich willkommen!	11. __Super, bienvenue chez nous__ !	
	12. __Danke__ .	Merci.

17 **Ça s'écrit comment¹?**

Vorsicht!
Ein und derselbe Laut kann
verschiedene Schreibweisen haben.

a *Die Wörter in den Spalten haben jeweils einen Laut gemeinsam.*
Ergänzt die fehlenden Buchstaben, die diesem Laut entsprechen!

la f_ê_te	j'_ai_	la l_e_çon
la m_ai_son	d_é_jà	le m_on_sieur
le p_è_re $[\varepsilon]$	le papi_er_ $[e]$	d_e_vant $[\vartheta]$
sup_e_r	l_es_ filles	j_e_
tu _es_	pr_é_par_er_	nous f_ai_sons

b *Im folgenden Lückentext fehlen alle e-Laute.*
Ergänzt die entsprechenden Buchstaben. Unterstreicht anschließend die e-Laute,
die gleich ausgesprochen werden, mit derselben Farbe.

Au club

1. L_es_ _é_l_è_ves _é_coutent l_e_ prof_e_sseur.

2. Ils pr_é_parent une f_ê_te d_e_ l'_é_cole.

3. *L_e_ prof:* Vous av_ez_ d_es_ id_ée_s?

4. _E_mma: Oui. Malika et moi, on f_ai_t une vid_é_o sur l_e_ quarti_er_.

5. *Marc:* Vous _ê_tes au coll_è_ge l_e_ m_e_rcredi?

6. *Malika:* Oui. On _est_ au club d_e_ th_é_âtre.

7. *Marc:* C'_est_ sup_er_, je f_ai_s une vid_é_o sur l_es_ activit_é_s au coll_è_ge.

18 **Auto-contrôle 1: L'écriture chiffrée²?** → § 17

12	13	14	15	16	17	18	19	20	21	22	25	28	29	
H	L	U	S	K	P	R	Q	M	T	A	C	E	O	

Lest die Zahlen und findet mithilfe der entsprechenden Buchstaben
aus der oberen Tabelle den Satz in der Sprechblase.
Die Lösungen zu der Aufgabe findet ihr auf Seite 120.

treize / vingt-deux // vingt / quatorze / quinze / trente / dix-neuf / quatorze / vingt-huit //
dix-huit / vingt-neuf / vingt-cinq / seize // vingt-huit / quinze / vingt et un //
quinze / quatorze / dix-sept / vingt-huit / dix-huit.

_____ La musique rock est super. _____

_____ .

---
1 Ça s'écrit comment? Wie schreibt man das?
2 l'écriture chiffrée (*f.*) die Geheimschrift

19 **Auto-contrôle 2: Tu as peur?** → § 19

Regardez les images et complétez avec «avoir envie, avoir peur, avoir mal».
Attention à la négation. (Achtet auf die Verneinung.)
Die Lösungen zu der Aufgabe findet ihr auf Seite 120.

Image (exemple)

– Tu _as mal?_ ?
– Non, je _n'ai pas mal_ .

1

– Tu _n'as pas peur_ ?
– Si, _j'ai peur_ .

2

– On joue au foot?
Vous _avez envie_ ?
– Ah non, _nous n'avons_ _pas envie_ .

3

– Vous _avez mal_ , madame?
– Non, _je n'ai pas mal_ .

4

– Tu _as peur_ ?
– Oui, _j'ai peur_ .

5

– Tu _n'as pas mal_ ?
– Si, j'_ai mal_ .

soixante et un

61

Je joue au foot.

Je joue de la guitare.

AÏE! AYAYAYE!

Kreuzt die richtigen Lösungen an. Die Lösungen zu dieser Aufgabe findet ihr auf Seite 120.

1. Dans le square Trousseau, Emma, Malika, Victor et Thomas jouent   au [x]   du [ ]   à [ ]   foot.

2. Un garçon arrive avec   un [ ]   une [x]   des [ ]   guitare. Il   as [ ]   a [x]   ai [ ]   aussi une flûte.

3. *Le garçon:* Salut! Qui fait   de la [x]   la [ ]   une [ ]   musique avec moi? Qui joue   à la [ ]   de la [x]   du [ ]   flûte?

4. *Emma:* Moi! Mais   pas [x]   ne pas [ ]   non [ ]   maintenant!

5. *Le garçon:* Vous   ne pas aimez [ ]   n'aimez pas [x]   n'aimer pas [ ]   le [ ]   une [ ]   la [x]   musique?

6. *Malika:*   Oui, [ ]   Si, [x]   Non, [ ]   mais maintenant, nous   n'ont pas [ ]   n'a pas [ ]   n'avons pas [x]   envie.

7. Emma et moi, nous   joue [ ]   jouons [x]   jouent [ ]   bien! Viens! Trois garçons, ce   ce ne pas est [ ]   n'est pas [x]   est ne pas [ ]   un problème pour nous!

8. *Thomas:* Euh, moi, j'aime   la [x]   une [ ]   des [ ]   musique.   Non [ ]   Pas [x]   Ne [ ]   toi, Victor?

LEÇON 5

A Paris

1 **Vous êtes où maintenant?** → § 21

Complétez avec les formes du verbe «aller» et avec «à la, à l', au , aux, chez, dans».

Thomas est au Forum des Halles, Emma et Adrien cherchent le voleur dans Paris.

Exemple: **1.** *Thomas:* Allô, vous allez où maintenant?

Emma: Nous __allons à la__ Bastille en taxi.

Le voleur est dans un bus devant notre taxi.

2. *Thomas:* Alors, le voleur ____va à la____ Bastille?

Emma: Non, maintenant il ____va au____ Louvre.

3. *Adrien:* Mais où va le voleur? Il ____va dans____ un magasin.

Emma: Mais non! Regarde, il ____va dans____ une station de métro.

4. *Thomas:* Allô! Vous allez où maintenant? Vous ____allez à la____ Défense?

Emma: Non, _____nous allons à l'_____ Arc de Triomphe.

5. *Adrien:* Allô Thomas, maintenant le voleur ____va chez____ «Elodie».

C'est un restaurant.

Emma: Mais non, Thomas et Adrien, le voleur _____va à la_____ tour Eiffel!

6. *Thomas:* Alors, vous _____allez_____ aussi _____à la_____ tour Eiffel.

Adrien: Oui … Super! Sur la place, devant la tour Eiffel, il y a deux policiers.

Ah! … Ils attrapent le voleur.

7. *Thomas:* Et maintenant, qu'est-ce que vous faites?

Vous _____allez chez_____ toi, Emma?

Emma: Non, nous _____allons dans_____ un restaurant.

8. *Thomas:* Et après on ____va au____ cinéma ensemble?

Adrien et Emma: D'accord! On ____va aux____ Halles. Là, il y a un cinéma.

Rendez-vous à 16 heures.

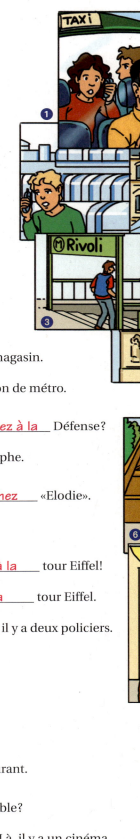

2 **La journée de Christian** → § 22

Beschreibt die einzelnen Bilder. Verwendet dabei die Uhrzeit.

Exemple:

A sept heures moins le quart, madame Beckmann entre dans la chambre de Christian.

De sept heures et quart à huit heures moins le quart, Christian est dans la cuisine.

De huit heures et quart à dix heures, Christian fait de la natation.

A dix heures et demie, Christian, Victor et Thomas sont dans un magasin de BD.

A deux heures et quart, Victor, Christian et Thomas sont devant un cinéma.

A minuit, Christian dessine dans son lit.

3 **Rangez¹ votre chambre!** → § 23

a *Complétez avec les adjectifs possessifs. (… mit den Possessivbegleitern.)*

Mme Carbonne: Votre chambre, quelle horreur!   *Exemple*: **1.** Faites <u>vos</u> lits!   **2.** Rangez <u>vos</u>

livres sur l'étagère, les filles!   **3.** Aujourd'hui, c'est <u>votre</u> fête.   **4.** Dans une heure <u>vos</u> copains et <u>vos</u>

copines arrivent.

Manon: **5.** Comment ça, <u>nos</u> copains?   **6.** Pour moi, ce ne sont pas <u>mes</u> copains, mais les copains

d'Emma.   **7.** Alors, la chambre, maman, c'est <u>son</u> problème.

Mme Carbonne: **8.** C'est aussi <u>ta</u> chambre.

Emma: **9.** Et Sébastien, ce n'est pas <u>notre</u> copain peut-être?   **10.** Et Elodie, ce n'est pas <u>notre</u> copine?

Manon: **11.** Si, mais Sébastien et Elodie, ce sont surtout <u>tes</u> copains.

Emma: **12.** Alors, on range <u>notre</u> chambre ensemble! Oui ou non?

Manon: **13.** D'accord, je ramasse <u>mon</u> assiette et <u>mon</u> livre! Mais, je laisse <u>ta</u> flûte, <u>ta</u> corde

pour l'escalade et <u>tes</u> jeux vidéo!

Emma: **14.** Merci, c'est sympa!

b Monsieur Carbonne arrive et demande à sa femme: – Que font les filles?
Mme Carbonne raconte.

*Ecrivez le texte dans votre cahier. Utilisez (verwendet) les adjectifs possessifs
«son, sa, ses, leur, leurs» et les verbes «préparer, ranger, ramasser, discuter» etc.*

Exemple:

 <u>Madame Carbonne: Emma et Manon rangent leur chambre.</u>   etc.

Continuez.

───────────

1 ranger qc etw. aufräumen

♥ **4** **On fait des poèmes.** → § 23

Voilà un poème:

Ecole
*Mon amie
d'aujourd'hui
C'est Julie!
Mon voisin de demain
C'est Romain.
Bientôt[1] c'est midi
Vive[2] le mercredi!*

© D'après Marie Tenaille,
Le grand livre des comptines.
Paris 1990, Editions Fleurus, Paris.

*Schreibt ein ähnliches Gedicht, in welchem mehrere Possessivbegleiter vorkommen.
Das Thema könnt ihr frei wählen (zum Beispiel: euer Haus, eure Freunde, eure Hobbys, eure Stadt …).*

5 **Des ordres[3], toujours des ordres!** → § 20

Trouvez le verbe à l'impératif (im Imperativ).

Exemple:

__Cherchez__ des mots

en allemand!

__Regarde__ Emma,

14, rue de Lyon, c'est ici!

__Posez__ les cartons ici,

dans la pièce!

S'il te plaît, ___colle___

mon dessin sur le mur, maman!

Viens, __grimpons__ sur l'arbre!

__Entrez__, s'il vous plaît!

 6 **Où est-ce que tu vas?**

Die Übung findet ihr auf Seite 117.

Die Übung findet ihr auf Seite 117.

1 bientôt bald – **2 Vive …!** Es lebe …! – **3 un ordre** ein Befehl

7 **Le métro à Paris** → § 24

a *Trouvez les réponses. Le plan du métro qui se trouve à la fin de votre manuel va vous aider. (Der Metroplan, der sich am Ende eures Schulbuches befindet, wird euch helfen.)*

Exemple: – Est-ce qu'on traverse Paris avec le métro?

– Oui, on traverse Paris avec le métro.

1. – Est-ce qu'on trouve des magasins dans les stations de métro?

– Oui, on trouve des magasins dans les stations de métro.

2. – Est-ce qu'il n'y a pas 14 lignes de métro à Paris?

– Si, il y a 14 lignes de métro à Paris.

3. – Est-ce que le square Trousseau est une station de métro?

– Non, le square Trousseau n'est pas une station de métro.

4. – Est-ce que le métro va aussi en banlieue?

– Oui, le métro va aussi en banlieue.

5. – Est-ce que la station Franklin-Roosevelt n'est pas sur les lignes 1 et 9?

– Si, la station Franklin-Roosevelt est sur les lignes 1 et 9.

6. – Est-ce que vous allez à la tour Eiffel avec la ligne 7 ?

– Non, nous allons à la tour Eiffel avec la ligne 6.

b Malika a rendez-vous avec Christian.   *Trouvez les questions.*

Exemple: – Malika quitte la maison **à 13 heures 45.**

– Quand est-ce que Malika quitte la maison?

1. – Malika arrive à la station de métro **à deux heures.**

– Quand est-ce que Malika arrive à la station de métro?

2. – Elle a rendez-vous avec Christian **à la Défense.**

– Où est-ce qu'elle a rendez-vous avec Christian?

3. – Elle va à la Défense **avec la ligne 1**.

– Comment est-ce qu'elle va à la Défense?

4. – Christian n'arrive pas au rendez-vous **parce qu'il dessine dans la station de métro.**

– Pourquoi est-ce que Christian n'arrive pas au rendez-vous?

5. – Christian dessine **deux chiens**.

– Qu'est-ce que Christian dessine?

6. – Malika est en colère **parce que Christian n'est pas là**.

– Pourquoi est-ce que Malika est en colère?

▲ **8 Paris sous terre[1]**

Emma a rendez-vous avec Adrien devant la station de métro Denfert-Rochereau.
Ils visitent les catacombes[2].

Les Catacombes

1, place Denfert-Rochereau,
75014 PARIS
Métro: Denfert-Rochereau
(lignes 4, 6 et RER B)
Tél: 01.43.22.47.63
www.paris.org/Musees/
Catacombes/ info.html

Horaires:
mardi de 11h à 16h
du mercredi au dimanche de
9h à 16h.
Fermé le lundi et les jours fériés.
Plein tarif: 5,03 €
Tarif réduit: 3,35 €
De 6 à 26 ans: 2,59 €

a *Est-ce que c'est vrai?*

	VRAI	FAUX
1. Le mardi, on visite les catacombes à 9h30.		x
2. On ne visite pas les catacombes le lundi.	x	
3. Les catacombes sont à la station Denfert-Rochereau.	x	
4. La station de métro Denfert-Rochereau, c'est sur la ligne 5.		x
5. Le tarif des catacombes pour Emma et Adrien est de 5,03 €.		x
6. L'adresse des catacombes, c'est 1, place Denfert-Rochereau.	x	
7. On visite aussi les catacombes sur Internet.	x	

b *Dessinez la suite (die Fortsetzung) de l'histoire et trouvez un dialogue.*

9 Toujours des questions → § 24

Trouvez les questions d'Amandine.

Exemple:

1. – Tu t'appelles comment?/
– Comment est-ce que tu t'appelles?

1. – Je m'appelle Théo.

1 la terre die Erde – **2 une catacombe** eine Katakombe

2. – Qui est ton propriétaire? _____ 2. – Mon propriétaire, c'est Mme Edith Salomon.

3. – Tu as quel âge? _____ 3. – J'ai trois ans.

4. – Tu habites où?/ _____ 4. – J'habite dans la cour de l'Etoile d'Or[1] à Paris.

   – Où est-ce que tu habites? _____

5. – Qu'est-ce que tu aimes? _____ 5. – J'aime les poubelles et les arbres.

6. – Quand est-ce que tu fais du sport? _____ 6. – Je fais du sport l'après-midi.

7. – Qu'est-ce que tu fais aujourd'hui? _____ 7. – Aujourd'hui, j'ai rendez-vous avec mes copains.

8. – A quelle heure est-ce que vous avez _____ 8. – Nous avons rendez-vous à six heures et demie.

   rendez-vous? _____

9. – Et qu'est-ce que vous faites? _____ 9. – Nous discutons sur les chats du quartier.

10. Je demande ça parce que je travaille pour 10. – Pourquoi est-ce que tu demandes ça? _____
    le journal[2] «Bastille Match»!

10 **Ecouter: Rendez-vous au cinéma Bastille**

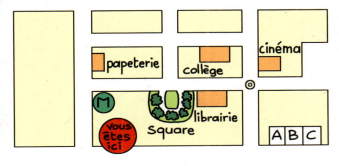

Ihr hört drei Wegbeschreibungen.
Zeichnet sie mit drei verschiedenen Farben
in den Plan ein.
Welcher Weg ist der kürzeste: A , B oder C?

11 **Comment ça va?**

a Folgende Wörter enthalten alle den Buchstaben „c".
Ordnet sie nach der Aussprache dieses Buchstabens in die Tabelle ein.

le garçon   français   le casque
ici   mercredi
voici   la police   facile   le silence
discuter
le vocabulaire   la corde   l'escalade
l'activité

[s]		[k]	
Exemple: le cinéma	4. français	Exemple: beaucoup	4. discuter
1. le garçon	5. ici	1. le casque	5. la corde
2. voici	6. facile	2. le vocabulaire	6. mercredi
3. la police	7. le silence	3. l'escalade	7. l'activité

‾‾‾‾‾
1 l'Etoile d'Or (hier: Name) der goldene Stern – **2 un journal** eine Zeitung   ➤➤

5

b *Wie ihr festgestellt habt, kann man den Buchstaben „c" unterschiedlich aussprechen.*
Ergänzt die Regel.

Man spricht [k] vor <u>Konsonant</u> und vor den Vokalen <u>„a, o" und „u"</u> .

Man spricht [s] vor den Vokalen <u>„i" und „e"</u> . „Ç" steht vor „o" und „a"

und wird immer wie <u>[s]</u> ausgesprochen.

▲ **12** **Savoir faire: Quelle histoire!**

a *Regardez la BD. Racontez l'histoire.*
Die vorgegebenen Fragen können euch dabei helfen. Hier drei nützliche Ausdrücke:
avoir cours *Unterricht haben;* **faire du bruit** *Lärm/Krach machen;* **être à la télé** *im Fernsehen sein*

Questions	Réponses
– Qui est sur la BD?	*Exemple:* – Sur la BD, il y a un prof et ses élèves.
– Où est-ce qu'ils sont?	– Ils sont dans une salle de classe.
– Que font les élèves? – Que fait le prof?	– Les élèves ont cours. Ils font du bruit. Ils ne respectent pas le prof. – Le prof est en colère. Le prof prépare quelque chose. Il fait une télé avec un carton.
– Pourquoi est-ce que les élèves écoutent le prof?	– Maintenant les élèves écoutent le prof parce qu'il est à la télé. Les élèves trouvent le prof sympa.

b *Was bedeutet „les généraux" auf Deutsch?*
Welches Fach wird gerade unterrichtet?
Worüber spricht der Lehrer?

c *Qu'est-ce que vous pensez de l'idée du prof?*
Dites pourquoi.
(Was haltet ihr von der Idee des Lehrers?
Begründet eure Meinung.)
Comment est-ce que vous trouvez la BD?

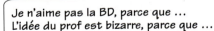

Je n'aime pas la BD, parce que …
L'idée du prof est bizarre, parce que …

J'aime la BD, parce que …
La BD est super, parce que …
C'est une bonne idée, parce que …

13 **Auto-contrôle: La fête** → §§ 20, 23, 24

Trouvez l'adjectif possessif (★), posez des questions (•) ou utilisez les verbes à l'impératif (verbe).
Die Lösungen zu der Aufgabe findet ihr auf Seite 120.

1. *Victor:* • _____ Pourquoi est-ce que _____ tu dessines une affiche, Emma?

2. *Emma:* Parce que je fais une fête. • _____ Est-ce que _____ tu es là?

3. *Victor:* C'est • _____ quand _____ , ★ _____ ta _____ fête?

4. *Emma:* Samedi après-midi à 15 heures. ★ _____ Mes _____ parents sont d'accord.

   • _____ Est-ce que _____ ça va pour toi?

5. *Victor:* Ah non, c'est l'heure de ★ _____ ma _____ leçon de natation.

6. *Emma:* • _____ Quand _____ est-ce que ça va pour toi?

7. *Victor:* A 16 heures. Mais, ★ _____ mon _____ problème, c'est …

8. *Emma:* C'est • _____ quoi _____ , ★ _____ ton _____ problème?

9. *Victor:* Samedi, je suis avec ★ _____ mes _____ deux sœurs!

10. *Emma:* Mais, c'est super! Viens avec ★ _____ tes _____ deux sœurs à 16 heures.

11. *Victor:* • _____ Où est-ce que _____ tu fais la fête?

12. *Emma:* Chez ★ _____ mes _____ parents, dans ★ _____ leur/notre _____ appartement, rue Richard Lenoir.

13. *Victor:* • _____ Est-ce qu' _____ on prépare quelque chose pour ★ _____ ta _____ fête?

14. *Emma:* Oui, merci. (préparer) _____ Préparez _____ des CD! Mais maintenant, Victor,

   (dessiner) _____ dessinons _____ et (coller) _____ collons _____ l'affiche!

LEÇON 6

Des métiers

1 **Qu'est-ce qu'ils font comme métier?**

a *Ordnet die Definitionen den Berufen zu.*

Exemple: **1.** une vétérinaire
  2. un médecin
  3. une architecte
  4. une journaliste
  5. une boulangère
  6. un pharmacien
  7. un musicien
  8. une danseuse
  9. un professeur
  10. un fermier

7 Il fait de la musique.
5 Elle travaille dans une boulangerie. Elle fait des croissants.
1 Elle travaille dans un hôpital pour chiens, chats et autres animaux.
3 Elle dessine des maisons et des appartements.
8 Elle fait de la danse.
9 Il travaille dans un collège avec des élèves.
6 Il travaille dans une pharmacie. Il prépare des médicaments.
10 Il travaille dans une ferme. Il aime les animaux.
4 Elle écrit des articles pour un journal.
2 Il est docteur et travaille à l'hôpital.

b *Ecrivez sous chaque image le métier correspondant. (Schreibt unter jedes Bild den passenden Beruf.)*

Exemple: C'est _____ **une boulangère** _____.

C'est _____ **un musicien** _____.

C'est _____ **une vétérinaire** _____.

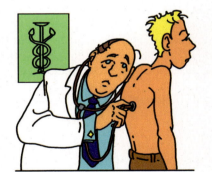

C'est _____ **un médecin** _____.

C'est _____ **une danseuse** _____.

C'est _____ **une journaliste** _____.

C'est _____ **un professeur** _____. ➤➤

C'est <u>un pharmacien</u>. C'est <u>une architecte</u>. C'est <u>un fermier</u>.

A La star

2 **Qu'est-ce que vous allez faire demain?** → § 25

a *Complétez les phrases. Employez le futur composé. (Verwendet das Futur composé.)*

Exemple: *Thomas:* jouer au foot – après – faire de l'escalade – avec mon père

— *Je vais jouer au foot. Après, je vais faire de l'escalade avec mon père.*

1. *Les Carbonne:* aller au cinéma de la Défense – après – manger au restaurant d'Adrien

— On va/Nous allons aller au cinéma de la Défense.

Après, on va/nous allons manger au restaurant d'Adrien.

2. *Malika:* regarder un film sur la nature – puis – appeler Christian

— Je vais regarder un film sur la nature, puis je vais appeler Christian.

3. *Christian:* d'abord – faire mes devoirs – après aller chez Malika – dessiner des affiches pour le square

— D'abord, je vais faire mes devoirs. Après, je vais aller chez Malika.

Nous allons dessiner des affiches pour le square.

4. *Victor et ses sœurs:* rester à la maison – et – faire de la musique

— Nous allons rester à la maison et nous allons faire de la musique.

Demain, je vais aller à l'école.

Mais demain, c'est dimanche!

b *Faites des dialogues.*

Exemples:

– Qu'est-ce que Thomas va faire demain?   – Demain, il va jouer au foot. Après, il va faire de l'escalade avec son père.

1. – Qu'est-ce que les Carbonne vont faire demain?   1. – Demain, ils vont aller au cinéma de la Défense. Après …

Continuez.

▲ **3** **L'élève modèle**[1] → § 26

Verbessert den folgenden Text, indem ihr entweder einen verneinten Satz bejaht oder an den geeigneten Stellen „ne … pas" bzw. „ne … jamais" einfügt. Schreibt den korrigierten Text in euer Heft.

Achtung: In drei Fällen entfällt „toujours", in einem Satz muss es ergänzt werden!

L'élève modèle n'aime pas l'école et ses professeurs. En classe, il parle toujours à ses copains et il tourne la tête[2] pour regarder dans la cour. Il n'écoute pas ses professeurs. Il joue avec ses livres. Son portable sonne toujours pendant les cours. Il joue au foot dans la salle de classe. A la maison, il ne travaille pas. Il regarde toujours la télé. Il ne fait jamais ses devoirs.

▲ **4** **Qui fait quoi?** → § 27

Bildet in eurem Heft 9 Sätze, indem ihr die Bilder von (A), die Verben von (B) und die Wörter von (C) kombiniert. Ergänzt die Präposition „à", wenn es notwendig ist.

Exemple: 1. Les enfants vont au collège.

A

1

2

3

4

5

6

7

8

9

---

1 un élève modèle ein Musterschüler – **2 une tête** ein Kopf

B

| ne pas aimer | téléphoner | | parler | ramasser |

ne pas aimer   téléphoner   parler   ramasser

manger

aller   tourner   donner   jouer

C

les croquettes de Filou   un film   le réalisateur

les élèves

le football   un cours d'allemand

les croquettes

le collège

une copine   les affiches

▲ **5** **C'est comme ça au studio!** → § 25

a *Lisez les textes:*

Madame Salomon raconte aux enfants:
– D'abord, les acteurs vont avoir rendez-vous avec le réalisateur. Puis, on va jouer la scène[1].
 Dans la scène, je vais donner des croquettes à un chat. Il ne va rien manger, puis il va voler
 les croquettes. Alors, le réalisateur ne va pas être content[2]. Il va être en colère et il va quitter
 le studio avec son doberman. C'est comme ça au studio!

Emma erzählt Manon die Geschichte von Frau Salomon.
In der Geschichte ist aber einiges durcheinander geraten. So etwas passiert beim Weitererzählen.

– D'abord, Mme Salomon va avoir rendez-vous avec un chat. Puis, elle va jouer la scène.
 Dans la scène, elle va donner des croquettes au réalisateur. Il ne va rien manger, puis il va voler
 les croquettes. Alors, le doberman ne va pas être content. Il va être en colère et il va quitter
 le studio avec les acteurs. C'est comme ça au studio!

b *Maintenant Manon raconte l'histoire à son frère. Qu'est-ce qu'elle va raconter?*

– D'abord, les acteurs vont avoir rendez-vous avec un doberman.
 Puis, ils vont jouer la scène. Dans la scène, le réalisateur va donner des croquettes au
 doberman. Il ne va rien manger. Il va voler les croquettes. Alors, madame Salomon ne va
 pas être contente. Elle va être en colère et elle va quitter le studio avec son chat.
 C'est comme ça au studio!

___
1 une scène eine Szene – **2 content/contente** zufrieden

B Au studio

6 Qu'est-ce qui va ensemble?

Verbindet die Wörter aus der linken Spalte mit den passenden Elementen aus der rechten Spalte.

1. architecte	c'est une activité comme par exemple la natation, le tennis
2. vrai	demain
3. une actrice	c'est un jour de la semaine
4. des croquettes	c'est un métier
5. aujourd'hui	les chats mangent ça
6. mercredi	jamais
7. toujours	elle fait du théâtre
8. apprendre	c'est une pièce dans un appartement
9. une salle à manger	faux
10. l'escalade	oublier

7 Est-ce que vous savez compter? → § 29

Für das folgende Spiel benötigt ihr drei Würfel und eine Tabelle mit euren Namen, in die ihr die gewürfelten Punkte in Worten eintragen könnt. Gewonnen hat, wer zuerst 250 Punkte gewürfelt hat.

Die Spielregeln:
- Die drei Würfel werden nacheinander geworfen.
- Der 1. Würfel ergibt die Zehner, also z. B. = 20.
- Der 2. und der 3. Würfel ergeben die Einer, also z. B. + = 8. Insgesamt ergibt das 28 Punkte.
- Achtung: Mit dem 2. und 3. Würfel dürfen zusammen nicht mehr als 9 Punkte gewürfelt werden, sonst gibt es in dieser Runde 0 Punkte.
- Wer das Risiko scheut, darf auf den 3. Wurf verzichten.

a *Complétez.*

Malika: J'ai un trois , ça fait trente points. Et j'ai un six .

Ça fait trente-six points au total[1]. Je ne continue[2] pas.

Christian: Moi, j'ai un ___six___ , ça fait ___soixante___ points.

Et j'ai un ___quatre___ . Je continue. Ah, c'est encore un ___six___

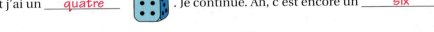

___Quatre___ et ___six___ font ___dix___. Perdu[3]!

b *Maintenant, c'est à vous. Jouez en groupe. Parlez français.*
(Jetzt seid ihr an der Reihe. Spielt gruppenweise. Sprecht dabei französisch.)

1 au total zusammengerechnet – **2 continuer** weitermachen – **3 Perdu!** Verloren!

▲ **8** **Salade de lettres** → §§ 25, 26, 30, 31

a *Trouvez les verbes.*

Exemple: **1.** arlel   **2.** reganm   **3.** viuloro   **4.** retê   **5.** ugrobe

      aller   _manger_   _vouloir_   _être_   _bouger_

6. isvaro   **7.** ribuloe   **8.** irafe   **9.** ivorupo   **10.** coteuré

savoir   _oublier_   _faire_   _pouvoir_   _écouter_

b *Formez des phrases à l'aide des mots suivants. (Bildet Sätze mit den folgenden Wörtern).*

Exemple: Elle – aller (présent)+ ne … jamais – au cinéma.

       Elle ne va jamais au cinéma.

1. Je – manger (futur composé) + ne … rien.

– Je ne vais rien manger.

2. Tu – vouloir (présent) + ne … jamais – jouer avec moi.

– Tu ne veux jamais jouer avec moi.

3. Nous – être (présent) + ne … plus – à l'école. Malika et moi, nous – être (présent) – déjà chez Christian.

– Nous ne sommes plus à l'école. Malika et moi, nous sommes déjà chez Christian.

4. bouger (impératif) + ne … pas.

– Ne bouge pas./Ne bougez pas.

5. Est-ce que vous – savoir (présent) – parler l'allemand?

– Est-ce-que vous savez parler l'allemand?

6. Les élèves – oublier (présent) + ne … jamais – leurs devoirs.

– Les élèves n'oublient jamais leurs devoirs.

7. En sport, on – faire (futur composé) – de l'escalade.

– En sport, on va faire de l'escalade.

8. Le réalisateur – pouvoir (présent) + ne … pas – tourner la scène aujourd'hui.

– Le réalisateur ne peut pas tourner la scène aujourd'hui.

9. Thomas – écouter (présent) + ne … jamais.

– Thomas n'écoute jamais.

9 **Je sais que c'est ça.** → § 31

a *Cherchez les formes des verbes «savoir, vouloir, pouvoir».*
Ecrivez les formes avec le pronom sujet (Personalpronomen) dans votre cahier.

Saitentestveutezpeupouvezpuiveulentisavevoulezonssaventsavonsavantsavonveuxveus
voulentvontpontpouvezpousezpeuxpeurpeutpoulentvoulonssouventpeuventcouventsap
entsaluezsavezcestsaissainsel

b *Cherchez l'intrus. (Sucht den Eindringling.)*

Exemple:

est	☐	sais	☐	veut	☐	peuvent	☐	posez	☐	vais	☐
êtes	☐	sait	☐	voulons	☐	peux	☐	posons	☐	veux	☒
et	☒	sont	☒	volez	☒	peut	☐	pouvons	☒	vas	☐
es	☐	savent	☐	veulent	☐	puis	☒	pose	☐	vont	☐

▲ **10** **Mange Filou, mange!** → § 30

a *Ecrivez les formes des verbes «manger» et «bouger» d'après la phonétique (nach der Lautschrift).*

1. Attention! Ne [buʒ] ___bouge___ pas!

2. Filou, qu'est-ce que tu as ? Pourquoi est-ce que tu ne [mɑ̃ʒ] ___manges___ pas ?

3. Vous ne voulez pas [mɑ̃ʒe] ___manger___ avec nous ?

4. Vous [mɑ̃ʒe] ___mangez___ du chocolat?

5. Nous ne [buʒɔ̃] ___bougeons___ pas, nous [mɑ̃ʒɔ̃] ___mangeons___ !

b *So werden die Verben „bouger" und „manger" im Wörterbuch aufgeführt.*
Wie lautet die richtige Übersetzung der Sätze 1–6?

bouger I sich bewegen, sich rühren, sich (nicht) vom Fleck rühren **II** umstellen (Möbel), etw. bewegen (z.B. Arm, Finger, Kopf) **III** Ça bouge pas mal! Da ist ganz schön was los!	**manger I** essen, **II** verschlingen (Unsummen) **III** verbrauchen (z.B. Energie, Sprit) **IV** verschlucken, undeutlich aussprechen (Wörter)

1. L'escalade mange beaucoup d'énergie. _Klettern verbraucht viel Energie_ .

2. Ça bouge pas mal, à Paris. _In Paris ist ganz schön was los_ .

3. Il parle vite et il mange ses mots. _Er spricht schnell und verschluckt die Wörter_ .

4. Les élèves bougent leurs chaises[1]. _Die Schüler stellen ihre Stühle um_ .

5. Je ne peux pas bouger. _Ich kann mich nicht bewegen_ .

6. Je ne bouge pas d'ici! _Ich rühre mich nicht vom Fleck_ !

▲ **11** **Qui est-ce?**

a *Ihr habt sicherlich keine Schwierigkeiten herauszufinden, um wen es im folgenden Rätsel geht.*

Elle aime le square Trousseau. Elle dit[2] souvent aux copains:
– Respecter la nature, ramasser un papier ou une bouteille, c'est un sport sympa, non?
Elle va souvent au CDI pour chercher des livres sur les animaux, mais elle n'a pas
envie de travailler dans un CDI. Elle veut travailler dans la nature. Qui est-ce?

C'est ___Malika___ .

♡ **b** *Schreibt nun selbst ein Rätsel über eine/einen eurer Klassenkameraden/*
Kameradinnen und lasst die anderen raten, wer gemeint ist.

———

1 une chaise ein Stuhl – **2 dire qc à qn** jdm. etw. sagen

Schaut euch auch den
On dit-Kasten auf Seite 76
in eurem Schülerbuch an.

6

🔊 **12** **Ecouter: Madame Salomon sur Radio Quartier**

a *Ecoutez le texte et trouvez les phrases correctes.*

1. Madame Salomon	**2.** Elle a	**3.** Qui sont ses amis?	**4.** Elle adore
donne des réponses. [x]	63 ans. ☐	Des chiens? ☐	la radio. ☐
pose des questions. ☐	50 ans. ☐	Les voisins? ☐	la télévision. ☐
tourne un film. ☐	61 ans. ☐	Les enfants	le film et le théâtre. [x]
	80 ans. [x]	du quartier? [x]	l'ordinateur. ☐

5. Elle fait de la publicité	**6.** Ses amis sont super parce qu'ils	**7.** Ses amis vont peut-être quitter le quartier parce qu'ils	**8.** Le reporter fait appel[1]
pour un CD. ☐			aux enfants. ☐
pour des croquettes. [x]	aident quand il y a		aux familles. ☐
pour un magasin. ☐	un problème. [x]	ne trouvent pas d'appartement. [x]	aux propriétaires. [x]
pour la radio. ☐	habitent à Paris. ☐	ne veulent pas rester dans le quartier. ☐	
	ont un chat. ☐	ne sont pas du quartier. ☐	

b *Ecoutez le texte une deuxième fois (ein zweites Mal). Complétez l'appel.*

Le Quartier _____**Bastille**_____ sans _____**familles**_____, non! _____**S'il vous plaît,**_____ des

appartements _____**pour les enfants et leurs parents**_____ .

13 **Un métier de rêve**

a *Lisez le texte.*
Dieser Text enthält einige unbekannte Wörter. Lasst euch davon nicht abschrecken,
denn die meisten der Wörter könnt ihr sehr leicht ableiten. Wichtig ist vor allem,
dass ihr den groben Sinn des Textes versteht.

Une famille de banlieue. Le père est cuisinier, la mère ne travaille pas. Ils ont six enfants,
cinq garçons et une fille. Leur fille Aurélia aime la musique. Elle veut jouer du piano, mais elle
ne peut pas parce que la famille n'est pas riche. Elle oublie son rêve d'enfant. A 15 ans,
Aurélia écoute un CD d'un groupe de rock. Pour elle, c'est bizarre parce que les chansons
du groupe parlent d'elle, de ses problèmes et de ses rêves. Elle écoute le CD 36 fois par jour.
Un jour, elle va à une soirée karaoké avec des copains. Là, il y a aussi un compositeur de chansons.
Il trouve qu'elle a du talent!
– Vous chantez bien. Je vais faire un CD avec vous.
Maintenant, Aurélia a dix-huit ans et elle prépare déjà un nouveau CD sous le nom de Dal-Zovo.
– Je ne sais pas, si un jour, je vais être une star comme Céline Dion ou Lara Fabian,
   mais être chanteuse, c'est mon rêve.

b *Ecrivez les étapes de la carrière d'Aurélia (die Etappen von Aurélias Karriere)*
dans votre cahier.

Exemple: 1. Aurélia aime la musique. Elle veut jouer du piano.
           2. A 15 ans …

1 faire appel ein Aufruf machen

14 **Auto-contrôle: Qu'est-ce qu'on fait le week-end?** → §§ 25, 26, 30, 31

a *Complétez.*

Die Lösungen zu den Aufgaben findet ihr auf Seite 120.

Enfin un week-end en famille! Monsieur et madame Morel et
leurs enfants Suzanne, Stéphane et Gregory sont dans la cuisine.

1. *Mme Morel:* Samedi, à 10 heures, nous (aller chercher) __allons chercher__ mes rollers et après je

   (aller préparer) __vais préparer__ des spaghettis[1].

2. *Gregory:* Aller chercher tes rollers ? Ah non, pas moi. Je (vouloir rester) __veux rester__ au lit.

   Je (ne pas bouger) __ne bouge pas__ d'ici. Pour les spaghettis, c'est d'accord.

3. *Stéphane:* Et moi, je (aller jouer) __vais jouer__ à l'ordinateur avec les copains, et puis, nous

   (aller manger) __allons manger__ ensemble . Je (ne pas pouvoir) __ne peux pas__

   manger avec vous.

4. *M. Morel:* Comment ? Tu (ne pas manger) __ne manges pas__ avec nous ?

5. *Stéphane:* Ecoute, papa, nous (manger) __mangeons__ toujours avec maman. Et toi,

   tu (ne jamais être) __n'es jamais__ à la maison.

6. *Mme Morel:* Stéphane, tu (savoir) __sais__ . que papa (ne pas pouvoir rentrer)

   __ne peut pas rentrer__ pour manger à midi, il travaille.

7. *M. Morel:* C'est vrai. Mais j'ai une idée, tu (aller manger) __vas manger__ avec tes copains et à 15

   heures, nous (aller faire) __allons faire__ du roller. Je trouve que nous

   (ne pas bouger) __ne bougeons pas__ assez[2].

8. *Suzanne:* Ce n'est pas vrai. Je (bouger) __bouge__ beaucoup. Vous (pouvoir demander)

   __pouvez demander__ à mes copines. Et, quand est-ce qu'on (aller rentrer) __va rentrer__ ?

   Vous (savoir) __savez__ que je joue au tennis à 18 heures.

9. *Gregory:* Oui, nous (savoir) __savons__ que tu es une star! Papa, nous (ne pas vouloir faire)

   __ne voulons pas faire__ du roller. Faire du roller avec ses parents, bof! Mais, j'ai une autre idée.

   Il y a un film super à la télé, nous (pouvoir regarder) __pouvons regarder__ le film ensemble.

10. *Stéphane:* Comment? Tu (ne pas savoir) __ne sais pas__ qu'il y a une soirée karaoké[3] au collège?

    Les copains (aller faire) __vont faire__ du karaoké, et moi aussi.

11. *Mme Morel:* Mais alors, vous (ne jamais être) __n'êtes jamais__ à la maison .

12. *Suzanne, Stéphane, Gregory:* Si, dimanche à midi, nous (aller manger) __allons manger__ ensemble.

---

1 les spaghettis *(m)* die Spaghetti – **2 assez** genug – **3 une soirée karaoké** ein Karaoke-Abend ❯❯

b *Qu'est-ce que les Morel veulent faire ensemble? Qu'est-ce qu'ils ne vont pas faire ensemble et pourquoi? Complétez.*

Ils veulent faire ensemble.	Ils ne vont pas faire ensemble parce que …
Exemple: aller chercher les rollers	Ils ne vont pas aller chercher les rollers ensemble, parce que Gregory veut rester au lit.
manger des spaghettis	Ils ne vont pas manger des spaghettis ensemble, parce que Stéphane va manger avec ses copains.
faire du roller	Ils ne vont pas faire du roller ensemble, parce que Gregory n'a pas envie.
regarder un film à la télé	Ils ne vont pas regarder un film à la télé ensemble, parce qu'il y a une soirée karaoké au collège.
manger ensemble à midi le dimanche	

Que fait Amandine le week-end?

Sechs Lektionen deines Französischbuchs liegen bereits hinter dir. Das ist mehr als die Hälfte. Höchste Zeit also, mal wieder eine Pause einzulegen und zu überprüfen, welche Lernfortschritte du in den letzten Lektionen gemacht hast, was du schon gut oder sehr gut kannst, und was du noch einmal ansehen solltest.
Wenn du dir nicht mehr ganz sicher bist, dann sieh dir die Übungen in der rechten Spalte noch einmal an.

Vergiss nicht, dich noch einmal gründlich mit deinen Fertigkeiten zu beschäftigen, die du noch nicht so gut beherrschst. Im Zweifelsfall nicht verzagen, frage auch wieder deinen Lehrer/deine Lehrerin, ob er/sie dir noch ein paar Lerntipps geben kann.

Selbsteinschätzung vom: _____.
Trage hier bitte das Datum ein.

	sehr gut	gut	muss ich noch üben	

Hören Ich kann …		Übung im …
1 … einem Hörtext die wesentlichen Aussagen entnehmen und aufinhaltliche Fragen antworten.		SB L 4 / Ex. 11
2 … Vergleiche zwischen einem gehörten und einem gelesenen Text anstellen sowie Unterschiede erkennen und korrigieren.		SB L 5 / Ex. 13
3 … einen Hörtext verstehen und den Inhalt nacherzählen, indem ich aus einer Reihe von Antwortmöglichkeiten die richtige ermittle.		SB L 6B / Ex. 8

Sprechen Ich kann …		Übung im …
1 … mich und andere vorstellen, etwas zu mir und meinen Hobbys, meinen Vorlieben und Abneigungen sagen (z. B.: *j'aime, je n'aime pas, je préfère*, etc.).		SB L 4 / Ex. 6; SB L 4 / Ex. 8; CdA L 4 / Ex. 12
2 … kann Fragen nach dem Weg und der Uhrzeit stellen und mich für einen bestimmten Zeitpunkt mit jemandem verabreden.		SB L 5 / Ex. 8; SB L 5 / Ex. 11; SB L 5 / Ex. 12; CdA L5 / Ex. 6
3 … Wünsche und Absichten äußern und Gründe für mein Handeln benennen.		SB L 6 / Ex. 7

Lesen Ich kann …		Übung im …
1 … unbekannte Wörter in einem Text erkennen und deren Sinn aus dem Satzzusammenhang heraus verstehen.		SB L 4 / Album; CdA L 6 / Ex. 13

Schreiben Ich kann …		Übung im …
1 … einen Text zu einer Bildergeschichte schreiben und einen eigenen Schluss zu der Geschichte erfinden.		CdA L 4 / Ex. 14; SB L 5 / Ex. 15
2 … ein kurzes Gedicht zu einem mir vertrauten Thema schreiben.		CdA L 5 / Ex. 4

Interkulturelles Lernen und Landeskunde		Übung im …
1 Ich kenne das außerschulische Freizeitangebot einer französischen Schule (*association sportive, atelier de théâtre, foyer socio-éducatif,* etc.) und die Hobbys junger Franzosen.		LB L 4 / Album

LEÇON 7

L'anniversaire

1 **Mots croisés[1]** → §§ 35, 38, 39, 40

a *Cherchez les formes des verbes au présent (im Präsens).*

ouvrir	boire	lire	prendre	écrire
Exemple: **1.** j' <u>ouvre</u>	**3.** il <u>boit</u>	**6.** vous <u>lisez</u>	**8.** tu <u>prends</u>	**11.** il <u>écrit</u>
2. tu <u>ouvres</u>	**4.** nous <u>buvons</u>	**7.** ils <u>lisent</u>	**9.** nous <u>prenons</u>	**12.** ils <u>écrivent</u>
	5. ils <u>boivent</u>		**10.** ils <u>prennent</u>	

b *Tragt die Verbformen in das Kreuzworträtsel ein.*

	a	b	c	d	e	f	g	h	i	j	k	l	m	n	o	p	q	r	s
1																8			
2										7						P			
3																R			
4						4				9	6	L	I	S	E	Z			
5					B				12			P				S			
6				1 2	O	U	V	R	E	S		R				E			
7		3			O		V			C		E				N			
8		B			U		O	10	P	R	E	N	N	E	N	T			
9	5	B	O	I	V	E	N	T		I		O							
10		I			R		S			V		N							
11		T			E					E		S							
12										N									
13					11	E	C	R	I	T									

La famille boit aux 60 ans de mamie.

c *Trouvez la phrase.*

U N		A	P R E S	–	M I D I		A	L A		M A I S O N
8e 9g			2r 6m 11j 10g		9d 6r 10c			3p		13i 6k 9c 5r

d A vous.
Qu'est-ce que vous faites, l'après-midi à la maison?
*Ecrivez des phrases avec les verbes de la partie **a** et **b**.*
Utilisez les mots suivants:

> moi   une copine   maman   papa
> un copain   mes frères et sœurs   mamie

---

1 les mots croisés das Kreuzworträtsel

2 Des portraits sympas → §§ 32, 33, 34

a *Ordnet die folgenden Adjektive den deutschen Entsprechungen zu.*

sale sportif blanc jaune noir content allemand	
grand bon vert petit sympa bleu	
joli mauvais bizarre gris rouge	

1. groß   **grand**
2. klein   **petit**
3. komisch   **bizarre**
4. rot   **rouge**
5. blau   **bleu**
6. weiß   **blanc**
7. sympathisch   **sympa**
8. sportlich   **sportif**
9. gut   **bon**

10. schlecht   **mauvais**
11. grün   **vert**
12. gelb   **jaune**
13. schwarz   **noir**
14. hübsch   **joli**
15. schmutzig   **sale**
16. grau   **gris**
17. zufrieden   **content**
18. deutsch   **allemand**

b Après l'anniversaire de sa tante, Nadine fait le portrait de ses cousins et de ses cousines.

Schreibt in euer Heft, was sie erzählt und benutzt dabei die Liste der Adjektive.
Achtet dabei auf den „accord".

Nicole	Franck	Charlotte	Sandra
(2) – (8) – (7) – aimer – repas – (9) porter – robe – (14)	(1) – (7) – regarder – toujours – la télé – aimer – histoires – (3)	toujours – (17) – (1) – (8) – avoir – copine – (18) – porter – pantalon – (13) – chemise – (6)	fille – (14) – (2) – n'est pas – très – (8) – aimer – pantalons – (16) – mais – ne pas aimer – chemises – (11)

Exemple: **1.** Nicole est **petite** : C'est une fille **sportive** .

Elle est **sympa** . Elle aime les **bons** repas. Elle porte une **jolie** robe.

2. Franck est **grand** . C'est **un garçon sympa. Il regarde toujours la télé.**

Il aime les histoires bizarres.

3. Charlotte <u>est une fille toujours contente. Elle est grande et sportive. Elle a une</u>

<u>copine allemande. Elle porte un pantalon noir et une chemise blanche.</u>

4. Sandra <u>est une jolie fille. Elle est petite. Elle n'est pas très sportive. Elle aime les pantalons gris,</u>

<u>mais elle n'aime pas les chemises vertes.</u>

▲ **3** **Ecouter: Où est Olivier?**

 Olivier va chercher Peter, son correspondant allemand, à la gare. Ils ne se connaissent pas (Sie kennen sich nicht). Alors Olivier téléphone à Peter.

a *Ecoutez le dialogue.*

b *Quand Peter arrive, il y a trois garçons à la gare qui portent des chemises blanches. Où est Olivier?*

Olivier est <u>devant la librairie</u> .

c *Décrivez (beschreibt) les deux autres garçons avec des chemises blanches et inventez (erfindet) un petit texte. Donnez-leur (gebt ihnen) un nom. Ils ont quel âge? Qu'est-ce qu'ils portent? Qu'est-ce qu'ils font? Pourquoi est-ce qu'ils sont à la gare? Ecrivez le texte dans votre cahier.*

4 **Les activités d'Annie**

jouer à/au (un sport, un jeu)
faire de la, du (un sport)
jouer de la/du (un instrument de musique[1])
aimer le/la ...

a *Complétez.*

1. J'aime beaucoup le sport.

Je fais _de la nation_ et _de la danse._ .

Je joue _au tennis_ et _au foot._ .

Mais je n'aime pas _l'escalade_ .

2. J'aime aussi ♪♪♪ ♪♪♪♪ _la musique._ .

Je joue _du piano_ et _de la guitare._ .

Mais je ne joue pas _de la flûte._ .

3. Souvent, on joue avec des copains et des copines.

Nous jouons _aux cartes._ .

Mais nous n'aimons pas jouer _aux jeux vidéo._ .

b *A vous.*

Ecrivez dans votre cahier:
Est-ce que tu aimes la musique/le sport?
Tu joues d'un instrument? Tu fais du sport?
Pour le vocabulaire regarde l'exercice 4, page 25.

 5 **Et toi, tu lis des livres?** → §§ 36,37

Die Übung findet ihr auf Seite 118.

---
1 un instrument de musique ein Musikinstrument

▲ **6** **Un week-end à la campagne** → §§ 36,37

Racontez une histoire et utilisez «beaucoup de, trop de, peu de, ne pas de».
Les verbes peuvent vous aider (euch helfen).

	manger	regarder	trouver	dessiner	ramasser
visiter		préparer	raconter	téléphoner à	boire
écrire	lire	écouter	chanter	inviter	faire

Exemple: J'aime les week-ends à la campagne. Je lis <u>beaucoup de</u> livres,

je <u>ne</u> fais <u>pas de</u> devoirs. Maman prépare …

Continuez.

⟳ **7** **La famille Ledoux à Paris.** → § 21

Regardez les images et complétez. Employez «aller à, aller à la, aller au, aller en».

Une voisine pose des questions à madame Ledoux.

1. *La voisine:* Où est-ce que vous allez aujourd'hui?

    Mme Ledoux: Aujourd'hui, nous <u>allons à Paris.</u> .

2. *La voisine:* Vous allez à Paris en voiture?

    Mme Ledoux: <u>Non, nous allons à Paris en train.</u> .

3. *La voisine:* Et qu'est-ce que vous allez faire à Paris?

    Mme Ledoux: Eh bien, nous <u>allons/allons aller au cinéma</u>

  et nous <u>allons/allons aller au Louvre.</u> .

  Après, nous <u>allons/allons aller à la Défense.</u> .

4. *La voisine:* Vous <u>allez</u> aussi <u>à la tour Eiffel</u> ?

5. *Mme Ledoux:* Oui, et puis nous <u>allons en métro à la</u>

  place de la Bastille.

6. *La voisine:* Et demain, qu'est-ce que vous allez faire?

    Mme Ledoux: Nous <u>allons/allons aller à Fontainebleau</u> .

▲ **8** En français: A la gare du Nord

Tu arrives à la gare du Nord avec ton oncle Max. Il ne parle pas français. Vous voulez aller à votre
hôtel, boulevard St-Michel. Mais comment? Voilà une dame, elle peut peut-être vous aider.
Tu fais l'interprète (Dolmetscher).

ton oncle Max	toi	la dame

ton oncle Max

Frag' mal die Dame,
wie man zum Boulevard
St. Michel kommt.

toi

Pardon, madame, comment est-ce qu'on va

au boulevard St-Michel?

_____

_____

Wir können die Metro nehmen.

la dame

Vous pouvez
prendre le métro.

Frage sie bitte,
ob es einen
Metroplan gibt.

Est-ce qu'il y a un plan du métro?

_____

_____

Bien sûr. Regardez
là, à droite,
derrière la librairie,
il y a le plan du métro.

Natürlich. Dort, rechts, hinter dem

Buchladen ist der Metroplan.

_____

_____

_____

Frage sie bitte,
wo die Metrostation ist.

Et où est la station de métro?

➤➤

Sie ist hier im Bahnhof. Dort, hinter dem

Zeitungsladen ist der Eingang.

Aber sie möchte wissen, ob wir nicht

etwas von Paris sehen wollen.

Dann sollten wir ein Taxi oder den Bus

nehmen.

Elle est ici, dans la gare.
Regardez, là, derrière
le magasin de journaux,
il y a l'entrée.
Mais vous voulez
regarder un peu Paris?
Alors, prenez un taxi
ou le bus.

Frage sie bitte,
wo die Busstation ist.

Où est la station de bus?

Wir sollen geradeaus gehen, den Bahnhof

verlassen, dann die Straße überqueren.

Wir müssen nach links gehen, dann die

erste Straße rechts nehmen, dort ist es.

Wir sollen die Linie 47 nehmen. In

St. Germain des Prés sollen wir umsteigen

und die Linie 87 nehmen, dann kommen wir

am Boulevard St. Michel an.

Vous allez tout droit,
vous quittez la gare,
vous traversez la rue.
Vous tournez à gauche,
puis vous prenez
la première rue à droite.
C'est là. Vous prenez
la ligne 47.
A St-Germain-des-Prés,
vous changez de bus,
vous prenez la ligne 87
et vous arrivez
au boulevard St-Michel.

Bedanke dich bitte
bei der Dame und
verabschiede dich.

Merci beaucoup, madame.

Au revoir, madame.

Léa montre une photo à son amie Isabelle. Isabelle pose des questions.

Complétez.

Isabelle:

Exemple: — Qu'est-ce que c'est?

1. — Qui est-ce   ?

2. — Où est-ce que vous êtes?/Vous êtes où   ?

3. — C'est à quelle heure/C'est quand   ?

4. — Que font Victor et Mathilde   ?

5. — Qu'est-ce que c'est, le cadeau   ?

6. — Que fait ton père   ?

7. — Pourquoi est-ce que tu n'es pas

  sur la photo   ?

Léa:

— C'est une photo de l'anniversaire de mamie.

— C'est la grande famille de mamie.

— Nous sommes dans le jardin, derrière la maison.

— C'est à 16 heures, après le repas.

— Victor et Mathilde donnent le cadeau à mamie.

— Le cadeau, c'est une chanson de Victor pour mamie, mais ce n'est pas le vrai cadeau. Le vrai cadeau, c'est un oiseau.

— Mon père boit aux soixante ans de mamie.

— Je ne suis pas sur la photo parce que je fais la photo.

▲ **10** **Une famille** → § 23

a *Qui est-ce? Complétez et mettez aussi les adjectifs possessifs «ton, ta, tes».*

Exemple: **1.** Je suis la mère de ton père, alors, je suis <u>ta grand-mère.</u>

2. Je suis la fille de ton grand-père, alors, je suis <u>ta tante/ta mère.</u>

3. Je suis le frère de ta mère, alors, je suis <u>ton oncle.</u>

4. Je suis la fille de ta tante, alors, je suis <u>ta cousine.</u>

5. Nous sommes le père et la mère de ta mère, alors, nous sommes <u>tes grands-parents.</u>

6. Je suis le fils du frère de ton père, alors, je suis <u>ton cousin.</u>

7. Je suis le fils de ta grand-mère, alors, je suis <u>ton oncle/ton père.</u>

b *Cherchez les prénoms. Complétez.*

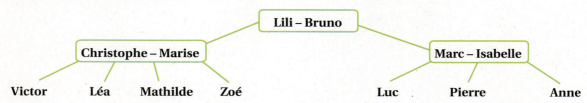

1. Anne joue avec le fils de son oncle. Qui est-ce ? C'est <u>Victor.</u>

2. La grand-mère de Zoé raconte une histoire aux deux fils de sa fille. Ce sont <u>Luc et Pierre.</u>

3. Le cousin de Pierre chante une chanson avec son oncle. Le cousin, c'est <u>Victor</u>,

l'oncle, c'est <u>Marc.</u>

4. Les trois filles du fils de grand-mère font du tennis avec les fils de la fille de grand-père.

Alors, qui joue avec qui? <u>Léa, Mathilda et Zoé</u> jouent avec

<u>Luc et Pierre.</u>

5. La sœur de Pierre discute avec la fille de sa grand-mère. Qui discute?

Ce sont <u>Anne et Isabelle.</u>

11 Une histoire bizarre → §§ 32, 33, 34, 35, 38, 39

Complétez le texte. Attention à la place et à l'accord des adjectifs!
S'il y a une petite étoile «★», mettez «de» ou «des».
(Setzt bei einem Sternchen „★" die Wörter „de" oder „des" ein.)

Pendant le cours de français[1], les élèves _écrivent_____ une _petite_____	écrire/petit
histoire _____. Ils _lisent_____ l'histoire devant la classe.	lire
Voici l'histoire de Malika:	
Aujourd'hui, je suis au cirque[2] avec Emma. Devant nous, il y a un homme et une femme	
_bizarres_____. La femme est très _grande_____ et elle porte	bizarre/grand
une robe _verte_____ et _bleue_____. La robe est très _longue_____.	vert/bleu/long
L'homme est _petit_____ et il porte un _____ pantalon _orange_____	petit/orange
et une _____ chemise _grise_____. Ils ont un _grand____ carton _____ et	gris/grand
ils sont très _contents_____.	content
Tout à coup, le monsieur _ouvre_____ une bouteille _de_____ ★ champagne.	ouvrir
Il _boit_____ un verre et mange _des_____ ★ croquettes.	boire
– Ne _bois_____ pas trop _de_____ ★ champagne! crie la femme.	boire
– _Buvons_____ un verre _d'_____ ★ eau, ensemble.	boire
Elle _prend_____ un _petit_____ verre dans son carton. Puis, ils chantent une	prendre/petit
_____ chanson _espagnole_____ .	espagnol
Ils sont _fous_____?	fou
Tout à coup, la femme crie: – Tu es _bête_____! Et elle bouscule le	bête
_petit_____ homme _____. Il crie: – Au secours! Puis ils vont vite	petit
sur la piste[3]. Ils sont très _sportifs___.	sportif
Ce sont de _vrais____ clowns _____!	vrai

————

1 un cours de français eine Französisch-Stunde – **2 un cirque** ein Zirkus – **3 une piste** eine Manege

12 **Auto-contrôle 1: Une bonne réponse**

In der Stratégie-Übung auf Seite 93 des Schülerbuchs habt ihr gelernt,
auf welche Fehler ihr besonders achten müsst.
Hier könnt ihr überprüfen, ob ihr die Fehler im Französischen erkennt.
Kreuzt die richtigen Sätze an.
Die Lösungen zu den Aufgaben findet ihr auf Seite 120.

a Vocabulaire

1. J'habite au premier
   - [x] étage.
   - [ ] étagère.

2. Malika va
   - [x] à l'appartement.
   - [ ] au appartement.
   - [ ] chez l'appartement.

3. Tu as quel âge?
   - [ ] Je suis douze.
   - [ ] J'ai douze âge.
   - [x] J'ai douze ans.

4.
   - [ ] Je peux parler du français.
   - [x] Je sais parler français.
   - [ ] Je peux parle français.

5. A Arras,
   - [ ] tu changes le train.
   - [x] tu changes de train.

6. Victor joue
   - [ ] la guitare.
   - [ ] à la guitare.
   - [x] de la guitare.

7. Emma est
   - [ ] sur la rue.
   - [ ] à la rue.
   - [x] dans la rue.

8. Thomas fait
   - [x] du sport.
   - [ ] le sport.
   - [ ] sport.

9. Quelle heure est-il?
   - [ ] Il est une heure quart.
   - [ ] Il est une heure le quart.
   - [x] Il est une heure et quart.

10. Dans un magasin:
    - [x] C'est à mon tour.
    - [ ] C'est ma tour.

11.
    - [ ] Tu vas tout droite.
    - [x] Tu vas tout droit.

12. Léa, comment va ta sœur?
    - [x] Elle va bien.
    - [ ] Elle va à Paris.
    - [ ] Elle va en train.

b Grammaire

1. Sébastien a
   - [ ] un noir petit chat.
   - [ ] un noir chat petit.
   - [x] un petit chat noir.

2. Tu veux un verre
   - [x] de jus d'orange?
   - [ ] du jus d'orange?
   - [ ] jus d'orange?

3. Vous avez un chien?
   - [x] Non, je n'ai pas de chien.
   - [ ] Non, je n'ai pas un chien.
   - [ ] Non, j'ai pas un chien.

4. Qui est-ce?
   - [ ] C'est le collège.
   - [ ] C'est facile.
   - [x] C'est M. Boulay.

5. Tu n'aimes pas la musique rock?
   - [ ] Oui, je n'aime pas la musique rock.
   - [ ] Oui, j'aime la musique rock.
   - [x] Si, j'aime la musique rock.

6. Malika donne
   - [ ] Christian un crayon.
   - [x] un crayon à Christian.
   - [ ] à Christian un crayon.

7. Christian, tu vas aller à Berlin?
   - [ ] Si, je vais aller à Berlin.
   - [x] Non, je ne vais pas aller à Berlin.
   - [ ] Non, je ne vais aller pas à Berlin.

8. Emma a
   - [x] une correspondante allemande.
   - [ ] une allemande correspondante.
   - [ ] une correspondante allemand.

une bonne réponse = 1 point

20 – 19 points: super!
18 – 16 points: très bien
15 – 13 points: bien
12 – 10 points: pas mal
9 – 7   points: ça va
6 – 4   points: bof!
3 – 1   points: au secours!

13 **Auto-contrôle 2: Léa rêve.** → §§ 32, 33, 34

Accordez les adjectifs et mettez-les à leur place. (Gleicht die Adjektive an und setzt sie an die richtige Stelle.)
Die Lösungen zu der Aufgabe findet ihr auf Seite 120.

Léa est à l'école, mais elle n'écoute pas la prof. Dans trois jours, c'est son anniversaire. Elle rêve …

1. d'un _joli_____ cadeau _____ ,   joli

2. d'une _____ fête _sympa_____ ,   sympa

3. de _____parents _contents_____ et   content

4. d'un _bon_____ repas _____ .   bon

5. Ses _bons_____ copains _____ vont être là et aussi sa _____   bon/allemand

   copine _allemande_____ .

6. Elle va porter sa _jolie_____ robe _____ .   joli

7. Ils vont danser et chanter, et la fête va être _super_____ .   super

8. Tout à coup, Mme Morin, la prof de français, dit[1] : – Léa, tu ne fais pas

   attention. Aujourd'hui, tu es une _mauvaise_____ élève _____   mauvais

   Je ne suis pas _contente_____ .   content

14 **Auto-contrôle 3: Le club de dessin.** → § 36

Complétez le texte avec les adverbes de quantité (Mengenangaben).

Die Lösungen zu der Aufgabe findet ihr auf Seite 120.

peu de (2x)   trop de
pas de   beaucoup de (2x)
~~un verre de~~

Victor pose des questions au prof de dessin, pour le journal de l'école. Il trouve M. Legrand à la cantine.

Exemple: Le prof prend son repas et boit _un verre d'_____ eau.

Victor: Vous avez _beaucoup d'_____ élèves dans votre club de dessin?

M. Legrand: Ah oui, il y a surtout _beaucoup de_____ filles parce que les filles aiment le dessin.

   J'ai _peu de_____ garçons, ils aiment le sport. Dans le club de foot, il y a _trop de_____

   garçons. Alors, il y a deux groupes.

Victor: Le club de dessin est à 17 heures, après l'école. Alors, après le dessin, les élèves ont _peu de_____

   temps pour faire leurs devoirs.

M. Legrand: Oui, mais là, il n'y a _pas de_____ problème parce que les élèves aiment le dessin,

   mais ils n'aiment pas beaucoup les devoirs.

Victor: Ah oui, ça c'est vrai!

_____
1 dire sagen

LEÇON 8

La rencontre

▲ **1** **Dans ma boîte aux lettres**[1]

 a *Lisez les deux lettres.*

Paris, le 13 avril

Chère mamie,
C'est fou, mais c'est vrai. Il y a deux mois, je réponds à une annonce
dans le journal:

«Maison d'édition[2] cherche dessinateurs de BD.»

Aujourd'hui, j'ouvre la boîte aux lettres et …
c'est la réponse et c'est oui pour un rendez-vous. C'est super,
mais il y a un problème, c'est mon âge. Ils veulent avoir des informations.
En plus, le rendez-vous, c'est quand je vais aller au collège.
Qu'est-ce que je peux faire?

Aide-moi!
A bientôt!
Christian

PS: Voici la lettre.

Editions du chien rouge
4, rue Caroline
75017 PARIS

Monsieur Christian Beckmann
18, rue Saint-Bernard
75011 PARIS

Paris, le 10 avril

Monsieur,

Merci pour votre réponse à notre annonce du 3 février
dans le journal Libération[3].
Nous organisons une rencontre avec les dessinateurs le mardi 15 mai
à 10 heures 30.
Est-ce que vous pouvez nous donner des informations sur vous?
Votre âge, votre adresse e-mail, votre photo?
Cordialement,

Hervé Gergaud
Rédacteur en chef[4]

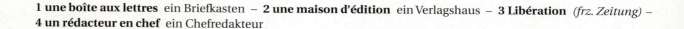

1 une boîte aux lettres ein Briefkasten – **2 une maison d'édition** ein Verlagshaus – **3 Libération** *(frz. Zeitung)* –
4 un rédacteur en chef ein Chefredakteur

b *Ecrivez maintenant la réponse de Christian à Hervé Gergaud.*

Christian Beckmann
18, rue Saint-Bernard
75011 PARIS

Hervé Gergaud

Editions du chien rouge

4, rue Caroline

75017 Paris

Paris, le 15 avril

Monsieur,

Merci pour votre lettre. Voici les informations: j'ai douze ans et mon adresse

e-mail est: christian.beckmann@wana.fr.

Voici aussi ma photo. Pour le 15 mai, mes parents sont d'accord.

Je vais donc être à votre rendez-vous.

Cordialement,

Christian Beckmann

c Dans sa boîte aux lettres, Christian trouve aussi une lettre de Gwenn[1], sa cousine de Bretagne.

Ecrivez la réponse de Christian.

La lettre de Gwenn

Quimper[2], le 10 avril

Cher Christian,

Dans un mois, j'ai 20 ans. J'organise une grande fête
pour mon anniversaire. C'est le samedi 18 mai.
On a une chambre pour toi dans la maison. Tu peux
rester le week-end. Entre Quimper et Paris, ça va vite
avec le TGV. Alors, est-ce que tu es d'accord de venir?
Quand est-ce que tu arrives?
J'attends ta réponse.

A bientôt!

Gwenn

La réponse de Christian

Paris, le 13 avril

Chère Gwenn,

Merci pour ta lettre. Tu fais une fête pour

ton anniversaire, je trouve ça super!

Pour moi, il n'y a pas de problème. C'est

d'accord.

Mon TGV arrive à la gare de Quimper samedi

18 mai à 11 heures 30.

A bientôt!

Christian

---

1 Gwenn *(weiblicher Vorname)* – **2 Quimper** *(Ort in der Bretagne)*

2 **On attend toujours!** → § 41

a *Mettez les verbes «attendre» et «répondre» au présent, à l'impératif ou à l'infinitif.*

1. Aujourd'hui, les élèves allemands et français __attendent__ devant une salle de l'auberge de jeunesse «Jacques Brel».

2. – Nous __attendons__ les profs allemands? demande Thomas.

3. Les élèves ne __répondent__ pas. Ils n'ont pas envie de __répondre__ à la question de Thomas.

4. – Les profs allemands sont déjà dans la salle, __répond__ enfin Julia.
   Mme Schmitt et M. Roth préparent les groupes de travail.

5. – On __attend__ encore Mme Bertaud et M. Boulay, dit Malika.

6. – C'est comme à l'école, __répond__ Thomas. Moi, j'__attends__ devant l'auberge.

7. Tout à coup, les profs français arrivent avec Christian. – Pourquoi est-ce que vous __attendez__ ici, devant la salle? demande Mme Bertaud.

8. Christian ne dit rien. Ses copains demandent: – Ça ne va pas, Christian? Mais Christian ne __répond__ pas.

9. Alors Mme Bertaud explique: – Aujourd'hui Christian va au lit à huit heures. N'__attendez__ pas Christian pour les jeux ou pour regarder la télé. Vous n'allez plus discuter des heures et des heures dans les chambres des filles, n'est-ce pas, Christian?

b *Complétez avec les verbes «vendre, entendre, attendre» ou «répondre».*

1.

Vous __vendez__ le calendrier bilingue à combien, dans votre collège?

On __vend__ le calendrier à 4 euros.

2.

On n'__entend__ plus rien. Ils sont enfin au lit.

Nous __attendons__ encore un peu. On ne sait jamais!

3.

Dis, Thomas, est-ce qu'ils __vendent__ aussi des frites, là?

Je ne sais pas. Demande au monsieur, il peut __répondre__ à ta question.

4.

Tu __attends__ ?

Oui, j'__attends__ encore. Ça ouvre dans vingt minutes.

▲ **3** **Ecouter: La prof de français a une idée bizarre.**

a *Ecoutez le dialogue.*

b *Répondez aux questions:*

1. Où est-ce que mamie habite? <u>Mamie habite à Paris</u> .

2. Et Amélie? <u>Amélie habite à Vittel, à la campagne</u>

_____ .

3. Racontez l'idée de la prof de français d'Amélie. <u>La prof de français veut organiser une rencontre entre</u>

<u>le collège de Vittel et un collège de Paris. (entre un collège à la campagne et un collège de la ville.)</u>

_____

4. Pourquoi est-ce qu'Amélie trouve l'idée bizarre? <u>Parce que Vittel est un petit village.</u>
<u>Là, il y a seulement des vaches et des poules. En plus, Amélie voudrait apprendre l'allemand</u>

<u>à Berlin ou à Leipzig</u>

_____ .

5. Est-ce que mamie est d'accord avec Amélie? <u>Non, pour mamie, l'idée de la prof est super. Les élèves</u>

<u>de Paris peuvent aller à la campagne</u> .

6. Pourquoi est-ce qu'Amélie dit au revoir à mamie? <u>Parce que c'est l'heure de manger</u>

_____ .

c A Paris, la prof de français de Julien est d'accord pour organiser une rencontre
avec le collège de Vittel[1]. Julien téléphone à son oncle Pierre, qui habite Vittel.
Ils parlent de la rencontre.

Inventez un dialogue dans votre cahier.

4 **La visite de Bruxelles** → § 42

Complétez avec les pronoms relatifs «qui, que, où».

Aujourd'hui, les élèves visitent Bruxelles. C'est une ville <u>où</u> il y a beaucoup de jolies choses.

Les élèves français et allemands visitent d'abord la Grand' Place <u>qui</u> est près de l'auberge de jeunesse.

C'est une place <u>que</u> les jeunes aiment beaucoup. Après, ils vont dans un musée[2] <u>où</u> on peut

regarder les tableaux[3] de Magritte[4] et de Delvaux[5]. Ils prennent beaucoup de photos <u>qu'</u> ils vont coller

sur les pages du calendrier bilingue. Devant l'Atomium, il y a déjà beaucoup de touristes <u>qui</u>

attendent. Enfin, les élèves visitent le musée de la BD <u>que</u> les Français et les Allemands trouvent

génial. Pour Christian, c'est un paradis <u>où</u> il veut travailler dans dix ans.

_____

1 Vittel *(Ort in den Vogesen)* – **2 un musée** ein Museum – **3 un tableau** ein Bild –
4 Magritte, René *(belgischer Maler)* – **5 Delvaux, Paul** *(belgischer Maler)*

5 **Dis-moi quelque chose!** → § 43

Conjuguez (konjugiert) le verbe «dire».

Exemple: <u>Dites</u> 33, monsieur Léonard !

1. <u>Dis</u> bonjour à la dame!

2. Emma <u>dit</u> un poème.

3. Tu <u>dis</u> toujours le contraire!
Beurk!
C'est bon!

4. Je ne <u>dis</u> pas oui, mais je ne <u>dis</u> pas non, non plus.

5. Ils <u>disent</u> «bravo».
CLAP! CLAP! CLAP!

6. <u>Disons</u> merci à papa pour le très bon repas!

7. Comment est-ce que vous <u>dites</u> «des rollers» en allemand?

6 **Qui est-ce qui paie?** → § 44

Complétez avec les verbes «acheter» ou «payer» • et utilisez les expressions (die Ausdrücke) de l'exercice «on dit» ★ , à la page 102 de votre livre.

Exemple: **1.** *Emma:* Qu'est-ce que tu • <u>achètes</u> , Malika?

2. *Malika:* J' • <u>achète</u> un cadeau pour Christian.

Demain, c'est son anniversaire.

3. *Emma:* Oui, je sais. Avec les copains, nous •

<u>achetons</u> quelque chose ensemble.

4. *Malika:* Ah, qu'est-ce que vous • <u>achetez</u> ?

5. *Emma:* On ne sait pas encore. On • <u>achète</u>

peut-être un livre sur la BD.

6. *Le vendeur*[1]: Vous ★ <u>désirez</u> , mademoiselle?

7. *Malika:* Est-ce que je • <u>paie</u> ici, monsieur?

8. *Le vendeur:* Ah, non! Vous • <u>payez</u> à l'autre

caisse. Vous voyez, là où la dame et le monsieur • <u>paient</u> .

1 un vendeur ein Verkäufer

CAISSE

9. *Malika:* Est-ce que vous allez • <u>acheter</u>

le cadeau ensemble, Thomas, Victor, toi et les autres?

10. *Emma:* Thomas et Victor • <u>achètent</u> le

cadeau, mais nous • <u>payons</u>

ensemble. Regarde, Malika, tu • <u>paies</u> ici!

11. *La vendeuse[1]:* C'est ★ <u>à qui</u> maintenant?

12. *Malika*: C'est ★ <u>à moi</u>! Je prends les 2 CD.

★ <u>Ça fait</u> combien?

13. *La vendeuse:* ★ <u>Ça fait</u> 31,50 euros.

Vous • <u>payez</u> comment?

14. *Malika:* Comment? Je • <u>paie</u> avec mes euros!

★ <u>Voilà</u> 2, 5, 10, 15, 17, 19, 29, 30, 31

et 31,50. Maintenant, je n'ai plus d'euro!

▲ **7** **Savoir faire: Le français, ce n'est pas un problème.**

a *Lisez d'abord la stratégie à la page 104 de votre livre. Puis complétez le tableau.*

Technik	Beispiele	das gesuchte Wort
Wenn man ein Wort nicht weiß, kann man es … 1. mit einem Oberbegriff erklären.	C'est un téléphone. On peut porter le téléphone.	<u>un portable</u>
2. mit einer Erklärung erläutern.	Les trains arrivent ici. Là, on peut acheter des livres.	<u>une gare</u> <u>une librairie</u>
3. mit dem Gegenteil umschreiben.	C'est le contraire de l'hiver.	<u>l'été</u>
4. durch ein Wort mit gleicher oder ähnlicher Bedeutung ersetzen.	C'est un autre mot pour super.	<u>génial</u>

b *Travaillez à deux. Ecrivez cinq exemples.*
Puis, lisez les phrases à votre camarade.
Est-ce qu'il va trouver le mot? Si oui, tu as un point (einen Punkt).
Après, changez de rôle.

---

1 une vendeuse eine Verkäuferin

▲ **8** **C'est qui, la dame?**
→ §§ 41, 43, 44, 48

a *Complétez le texte avec les verbes:*

> venir
>   **entendre** (2 x)
>   **vendre** (2 x)   **acheter**
>   **comprendre** (2 x)
> **attendre**   **répondre** (2 x)
>   **commencer**   **dire** (2 x)

Une dame habite à Paris, dans une petite maison. Elle est très contente.

On ___entend___ des voitures

dans la rue, mais ce n'est pas un problème pour elle.

Aujourd'hui elle ___attend___ ses amis.

Tout à coup, le téléphone sonne. La dame va au téléphone, elle ___dit___ : – Allô!

Mais ça ne ___répond___ pas. Elle ne ___comprend___ pas. Encore un idiot[1]!

La dame ___entend___ sonner encore une fois. Ce n'est pas le téléphone, c'est la porte.

Voilà ses amis! Ce sont des jeunes du quartier. La dame invite les jeunes à entrer dans la salle à manger.

___Venez___, nous ___commençons___ le repas. Mais le téléphone sonne encore une fois.

C'est le propriétaire de la maison. Il veut ___vendre___ la maison! La dame est en colère.

– Mais ce n'est pas possible, ___disent___ les jeunes. On ne ___vend___ pas un paradis.

– Mais si, ___répond___ la dame. Le propriétaire a besoin[2] d'argent[3]. Voilà le problème.

– Pourquoi est-ce que vous n' ___achetez___ pas la maison? demande un jeune.

– C'est beaucoup trop cher pour moi.

Les jeunes ___comprennent___. Alors que faire? Vous avez une idée?

♡ **b** *Trouvez un autre dessin, une BD ou une photo, par exemple dans un journal ou une publicité, avec une personne (mit einer Person). Ecrivez un petit texte: parlez de sa vie (ihrem Leben) et de ses problèmes.*

_____

1 un idiot ein Idiot – **2 avoir besoin de qc** etwas brauchen – **3 l'argent** *(m.)* das Geld

9 **Comment prononcer des mots inconnus?**

a *Die folgende Liste enthält drei Spalten. In der mittleren Spalte steht ein noch unbekanntes Wort (mot inconnu). Die linke Spalte (mot connu) soll euch bei der Aussprache des neuen Wortes helfen, indem ein ähnlich klingendes Wort genannt wird. Lest die unbekannten Wörter laut vor. Verbindet die Wörter der mittleren Spalte mit den passenden Lauten in der dritten Spalte durch Linien. Die Übersicht zu den Lautzeichen im Schülerbuch Seite 122 kann euch dabei helfen die Lautschrift zu verstehen.*

Mots connus	Mots inconnus	Laute in Lautschrift
Exemple: 1. <u>tout</u>	1. part*out*	[u]
2. une information	2. un *in*strument	[jõ]
3. la natation	3. un esp*ion*	[mã]
4. un appartement	4. le gouverne*ment*	[ɛ̃]
5. tu	5. l'individ*u*	[y]
6. une fille	6. une gr*ille*	[ij]
7. neuf	7. un *œuf*	[o]
8. un oiseau	8. un chât*eau*	[œf]
9. un portable	9. évit*able*	[ny]
10. un autre	10. un *au*tographe	[abl]
11. bienvenue	11. une incon*nue*	[o]

b *In jeder Sprache gibt es Laute, die bestimmte Handlungen oder Gefühle wiedergeben (z. B. das deutsche „Au!" für Schmerzen). Oder denkt an die Laute der Tiere: In Frankreich kräht der Hahn „Cocorico", in Deutschland „Kikeriki". Bei der folgenden Übersicht sollt ihr die französischen Lautmalereien laut lesen und anschließend die deutschen Entsprechungen in die Tabelle eintragen.*

Ouah Ouah! — Wau Wau!
[wawa]

Coin Coin! — Quak Quak!
[kwɛ̃kwɛ̃]

Taritara! — Täterätä!
[taritara]

Aïe! — Au!
[ajə]

Pan Pan! — Peng Peng!
[pãpã]

Vroum! — Brum!
[vrum]

Beurk! — Pfui!
[bœrk]

Pouah! — Igitt!
[pwa]

10 **Un loto[1] de 69 à 100** → § 45

a *Arbeitet zu zweit. Schreibt dieses Lottospiel auf vier große Kartons.*

71 90 89 85 75 97 96 79	72 86 91 78 84 80 94 98	73 87 92 77 83 70 95 99	74 88 93 76 82 69 100 81

b *Schreibt jede Zahl von 69 bis 100 einzeln in Buchstaben auf kleine Karten.*

Exemple:

> **Soixante-dix**

c *Jeder erhält zwei Kartons. Einer nach dem anderen nimmt eine kleine Karte auf und sagt laut die Zahl. Derjenige, der die Zahl auf seinem Karton hat, legt die Karte darauf und nimmt eine neue Karte. Gewonnen hat der, der seine zwei Kartons zuerst mit kleinen Karten bedeckt hat.*

Exemples:

– Soixante-dix. J'ai le soixante-dix sur ma grille[2]. Alors, je prends la petite carte.

oder

– Soixante-dix. Je n'ai pas le soixante-dix sur ma grille. Et toi?

– Moi, j'ai le soixante-dix sur ma grille. Alors, je prends la petite carte.

> 69, 70, 71 …
> Attention:
> 70 = 60 + 10 … 71 = 60 + 11
> 80 = 4 × 20 … 81 = 4 × 20 + 1

11 **Le club de photo** → §§ 46, 47

Emma et Malika veulent faire de la photo.
Elles vont au club de photo pour avoir des informations.
Manon accompagne les filles.

a *Lisez le dialogue:*

1. *La dame:* Vous cherchez quelque chose?
2. *Malika:* Bonjour, madame, on voudrait faire de la photo. On a douze ans.
3. *Emma:* Moi, je fais déjà un peu de photo, mais Malika débute.
4. *La dame:* On a deux groupes: le groupe des 12–16 ans et le groupe des 16–20 ans.
5. *Malika:* Est-ce que c'est le mercredi pour les 12–16 ans?
6. *La dame:* Oui, c'est le mercredi de 16 à 18 heures.
7. *Emma:* Est-ce qu'il y a des garçons dans le groupe?
8. *La dame:* Oui. Il y a des garçons, mais pas de filles.
9. *Malika:* Nous allons être les deux filles du groupe, alors!

1 un loto ein Lottospiel – **2 une grille** *hier:* ein Karton

b *A l'école, Manon apprend le discours indirect (indirekte Rede): il/elle dit que, il/elle demande si, il/elle répond que … Aidez Manon à mettre le dialogue au discours indirect.*

Exemple: 1. <u>La dame demande si Emma et Malika cherchent quelque chose.</u>

2. Malika répond qu'elles voudraient faire de la photo et qu'elles ont douze ans.

3. Emma dit qu'elle fait déjà un peu de photo, mais que Malika débute.

4. La dame dit qu'il y a deux groupes: le groupe des 12–16 ans et le groupe des 16–20 ans.

5. Malika demande si c'est le mercredi pour les 12–16 ans.

6. La dame répond que c'est le mercredi de 16 à 18 heures.

7. Emma demande s'il y a des garçons dans le groupe.

8. La dame répond qu'il y a des garçons, mais pas de filles.

9. Malika dit qu'elles vont être les deux filles du groupe.

12 **Auto-contrôle** → §§ 41, 43, 44, 48

Die Lösungen zu den Aufgaben findet ihr auf Seite 120.

C'est Théo!

Allô?

a Le vocabulaire

Au téléphone
Wie erkundigt man sich in einem Telefongespräch, wer am Apparat ist?
– Qui est à l'appareil?

Mit welchem Wort meldet man sich in Frankreich am Telefon? Was sagt man im Unterschied zum Deutschen nicht, wenn man den Hörer abnimmt?

– Allô? Man nennt in Frankreich seinen Namen nicht, wenn man den Hörer abhebt.

Au magasin
Wie kann ich bei einem Einkaufsgespräch ausdrücken, dass ich jetzt an der Reihe bin?
– C'est à moi, maintenant.

Wie kann ich den Preis erfragen?
– Ça fait combien?

Wie drücke ich aus, dass ich eine Flasche Wasser möchte?
– Je voudrais une bouteille d'eau, s'il vous plaît.

Ecrire une lettre
Welche Anrede benutzt du für deine Brieffreundin Brigitte oder deinen Brieffreund Marc.

– Chère Brigitte/cher Marc.

Welche Abschiedsformel kann man unter einen Brief schreiben?
– Cordialement, à bientôt, voilà pour aujourd'hui, bises.

Les faux amis

Was bedeutet der Begriff „faux amis"? Gib ein Beispiel.

Falsche Freunde: Das betreffende Wort hat im Deutschen nicht die Bedeutung, die man vermuten

könnte. Beispiel: Das französische Wort „une raquette" bedeutet im Deutschen nicht

„eine Rakete", sondern „ein Tennisschläger".

b Les verbes

Schreibt die entsprechenden Formen der Verben „dire, commencer, acheter, payer, attendre, prendre" in das Kreuzworträtsel und findet das Lösungswort.

- Nous [1] l'école à huit heures moins le quart.
- Les enfants [2] le bus pour aller à l'école.
- Dans la cour du collège, nous [3] toujours bonjour aux profs.
- On [4] les blocs à dessin dans une papeterie.
- «Vous [5] beaucoup de photos », [6] les élèves allemands à Christian et Victor.
- Le dimanche, vous[7] toujours un journal à la gare.
- Au cinéma, les parents [8] souvent mon billet.
- Devant la tour Eiffel, il y a toujours beaucoup de monde et on [9] souvent une heure.
- Je [10] toujours oui si mes parents demandent si je veux aller dans la nature.
- Ma mère ne [11] jamais la voiture pour aller au travail.
- Mon père [12] son travail à neuf heures.

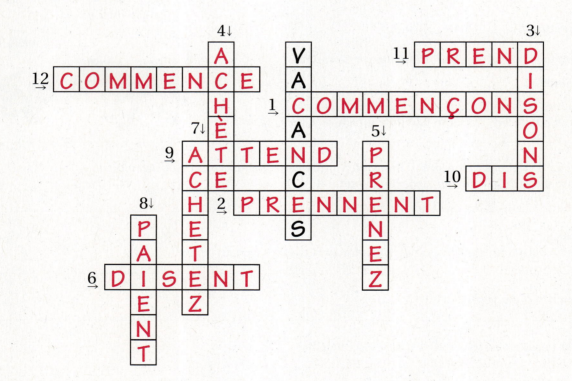

[LEÇON 9]

Découvertes

A Bises de Port-Blanc et de Marrakech!

1 Vous trouvez les verbes? → § 51

a *Trouvez les formes des verbes «dormir, partir, sortir». Ajoutez les pronoms personnels. (Fügt die Personalpronomen hinzu.) Attention! Quelquefois, il y a plusieurs possibilités (manchmal gibt es mehrere Möglichkeiten).*

Exemple: ROSD – _je/tu dors_

1. TROS – _il/elle sort_

2. RASOTPN – _nous partons_

3. ERMDOZ – _vous dormez_

4. RASP – _je/tu pars_

5. ROSONTS – _nous sortons_

6. TOMNEDR – _ils/elles dorment_

b *Ecrivez une phrase avec chaque verbe (mit jedem Verb) dans votre cahier.*

▲ 2 Un week-end sympa → § 52

Yan et son copain Olivier parlent de leur week-end.
Imaginez un dialogue au passé composé (8–10 phrases).
Commencez comme ça:

Yan: Le week-end a été super/n'a pas été super. D'abord, j'ai …

	Yan	Olivier
d'abord/puis/après/à … heures/l'après-midi/le soir … etc.	Moi, j' …/Ma sœur …/Mes parents …/Notre voisine …/Emma … etc.	Tu …?/Vous …?/Ta sœur …? … etc. Moi, j'…/Mon père … etc.

---

faire de l'escalade
être au cinéma
visiter un musée
voir beaucoup de choses
chercher notre chien
…

---

regarder un film à la télé
faire du sport
jouer au foot
attendre la visite de mamie
dormir jusqu'à 11 heures
…

---

apprendre à chanter une
  chanson bretonne
manger des crêpes dans
  le jardin
boire un verre d'eau
…

---

3 Souvenirs, souvenirs … → § 49

Mettez les pronoms objets directs (die direkten Objektpronomen) «le, la, l', les». Faites attention à leur place et aussi à la négation (nég.).

Aujourd'hui, Malika va à la place Jemaa el Fna[1] avec
sa grand-mère.
Elle veut acheter des souvenirs et des cadeaux pour ses amis.

---

1 la place Jemaa el Fna *(zentraler Platz von Marrakech mit vielen Gauklern, Händlern, Geschichtenerzählern)* ➤

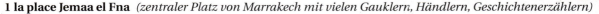

1. *Grand-mère:* Oh, les poules et les oiseaux là-bas! Tu ___les___ vois? On _____ va ___les___ regarder?

2. *Malika:* On _____ peut ___les___ acheter?

3. *Grand-mère:* Pourquoi pas? Ici, tu peux tout acheter, des meubles[1], des vêtements … tout.

   Regarde l'affiche de Marrakech. C'est un joli souvenir. Tu (nég.) ___ne_____

   veux ___pas la_____ prendre?

4. *Malika:* Oh, oui! Je ___la_____ trouve très belle.

5. *Grand-mère:* Je _____ vais ___l'_____ acheter pour toi. Et regarde la carte postale

   de la place Jemaa el Fna. Tu _____ peux ___la_____ donner à tes copains.

6. *Malika:* Très bonne idée. Je _____ vais ___l'_____ acheter pour mon ami Christian.

   Il aime les photos. Et les gâteaux marocains, on ___les_____ trouve aussi ici?

7. *Grand-mère:* Bien sûr. Regarde le monsieur là-bas, il ___les_____ vend dans des cartons.

   Tiens, il y a un taxi devant le restaurant. On ___le_____ prend.

8. *Malika:* Mais où est le conducteur? Je (nég.) ___ne le_____ vois ___pas_____.

9. *Grand-mère:* Si, moi je ___le_____ vois. Il est là, au café[2].

4 **Situations** → § 50

Complétez avec les pronoms objets directs «me, te, nous, vous».

Que faire?

1. – Je ne ___t'_____ aime plus. Tu ___me_____ comprends?

2. – Non, je ne ___te_____ comprends pas. Je ___t'_____ aime

   toujours. Ne ___me_____ quitte pas.

3. – Si, je dois ___te_____ quitter. J'aime un autre garçon.

Allô, c'est toi?

1. – Tu ___m'_____ entends?

2. – Je ___t'_____ entends très mal.

3. – Je veux ___vous_____ inviter au cinéma,

   toi et Mireille.

4. – Tu veux ___nous_____ inviter où?

   J'entends très mal.

5. – Au cinéma. Tu ___m'_____ entends?

6. – Oui, maintenant, je ___t'_____ entends

   très bien. D'accord.

> J'entends très mal …

7. – Je ___vous_____ attends

   devant le cinéma Rex,
   à 17 heures 30.
   Vous pouvez être là?

---

1 un meuble ein Möbelstück – **2 un café** ein Café

8. – Tu _nous_ attends où? Je ne sais pas si j'ai bien compris. Devant le cinéma Rex?

9. – Oui, à 17 heures 30. Tu _m'_ entends?

10. – Oui, à 17 heures 30 devant le cinéma Rex. Je _te_ remercie.

▲ **5** Cartes postales

Lisez les cartes postales.

Ostia, le 6 juillet

Cher Franck,

Je suis en Italie avec mes parents. Nous sommes au bord de la mer, à Ostia. Il ne fait pas beau. Tu sais que j'adore le soleil et la plage. Mais, on est toujours à l'hôtel. Sans copains et copines, ce n'est pas drôle. On va peut-être rentrer bientôt. Et toi, comment ça va?
Tu passes des vacances intéressantes? Tu vois les copains?
Vous faites de l'escalade?

Je t'embrasse.
Isabelle

Berlin, le 14 juillet

Chère Nathalie,
Bonjour de Berlin. Je suis ici depuis deux semaines et je reste encore une semaine.
J'habite chez ma copine, Louisa. Elle est très sympa et nous sortons beaucoup. Ses copains aussi sont sympas. Le matin, je l'accompagne à l'école. Le week-end, il y a toujours des fêtes.
On fait de la musique, on discute, on chante.
J'aime les chansons allemandes.
Et toi, qu'est-ce que tu fais?
Tu es toujours avec Jérôme … ?
Bises.
Véronique

Berne, le 10 juillet

Monsieur,
Bonjour de Berne où je passe trois semaines pour apprendre l'allemand. Je suis dans une classe où il y a peu d'élèves. Alors on parle beaucoup et on apprend vite. Berne, c'est une ville intéressante. Nous faisons de l'escalade et nous allons souvent au cinéma. J'aime les petits cafés. Là, on mange des très bons gâteaux. Tout va bien au collège?
J'ai trouvé pour vous un petit livre intéressant.

A bientôt. Caroline

Bruxelles, le 28 juillet

Cher Ricardo,
Comment vas-tu? Moi, je vais très bien.
Je suis à Bruxelles, dans un petit café,
sur la Grand'Place. Ici, les maisons sont très jolies.
J'habite à l'auberge de jeunesse avec ma classe
et notre prof de français. Et toi, qu'est-ce que tu fais?
Tu aimes le CD de Zebda[1]?
Je t'embrasse.

Martine

---

1 **Zebda** *(frz. Musikgruppe)*

Qui est-ce?

1. Elle écrit une carte postale dans un petit café. C'est _Martine_ .

2. Elle fait de l'escalade et va souvent au cinéma. C'est _Caroline_ .

3. Elle va à l'école avec sa copine. C'est _Véronique_ .

4. Elle ne passe pas de vacances intéressantes. C'est _Isabelle_ .

5. Elle est au bord de la mer. C'est _Isabelle_ .

6. Elle aime les gâteaux. C'est _Caroline_ .

7. Elle est avec sa classe dans une grande ville. C'est _Martine_ .

8. Elle passe trois semaines dans une grande ville. C'est _Véronique_ .

9. Elle passe ses vacances avec ses parents. C'est _Isabelle_ .

10. Elle aime le soleil et la plage. C'est _Isabelle_ .

▲ **6 Ecouter: Dans un souk marocain**

1. Lisez l'exercice 9 à la page 113 de votre livre.

2. Regardez la photo du souk à Marrakech. Qu'est-ce que les touristes font dans un souk?

3. Ecoutez le texte une première fois et complétez le tableau. (Hört den Text einmal an und vervollständigt die Tabelle)

4. Ecoutez le texte encore une fois (noch einmal) et répondez aux questions.

Qui? (Wer?)	Où? (Wo?)	Quoi? (Was tun sie?)	Pourquoi? (Warum?)
le grand-père _Malika_ _un homme_	_à Marrakech_ _au souk_	_Ils vont au souk._ _Malika cherche un cadeau._	_parce qu'elle part demain_ _parce que c'est l'anniversaire_ _de Christian_

1. Est-ce que Malika achète un jean jaune? _Non._

2. Qu'est-ce qu'elle achète? _Elle achète un T-shirt jaune._

3. 150 dirham[1], c'est combien en euros? _15 euros._

4. Combien est-ce que Malika paie pour le cadeau de Christian? _Malika paie 80 dirham pour le cadeau_ _de Christian._

_____
1 un dirham *(marokkanische Währung)*

B La tempête

▲ **7** **Où est Théo?** → § 54

a Aujourd'hui, Mme Salomon et Emma sont allées à la boulangerie[1].
Théo a accompagné Mme Salomon et Emma.

Racontez au passé composé et écrivez dans votre cahier.

Mme Salomon et Emma – entrer dans

rester devant

une jolie chienne[2]– sortir

partir – avec elle

sortir – chercher – ne pas trouver Théo

rentrer à la maison

peu après – arriver avec la chienne et six autres chiens

b *Choisissez au moins (mindestens) cinq verbes de la liste et écrivez une petite histoire au passé composé (par exemple vos activités au bord de la mer, dans la montagne, etc.).*

> Venir – sortir – aller –
> entrer – partir – monter –
> rentrer – rester – arriver
> bilden mit *être*
> das *Passé composé*.

_____

1 une boulangerie eine Bäckerei – **2 une chienne** eine Hündin

8 **Ecouter: Jeu de sons: [ã] et [õ]**

 a *Est-ce que vous entendez des sons identiques ou des sons différents?*
(Hört ihr den gleichen oder einen anderen Laut?)

17

	différent	identique
1.		✗
2.	✗	
3.	✗	

	différent	identique
4.		✗
5.		✗
6.	✗	

b *Est-ce que vous entendez [ã] comme dans «plan» ou [õ] comme dans «bon»?*

18

	[ã]	[õ]
1.	✗	
2.		✗
3.	✗	
4.	✗	

	[ã]	[õ]
5.		✗
6.		✗
7.	✗	

 c *Ecoutez et écrivez les phrases dans votre cahier.*

19

[ã] s'écrit	**an**, comme dans «danser»
	am, devant «p» et «b» comme dans «chambre»
	en, comme dans «entrer»
	em, devant «p» et «b» comme dans «décembre»
[õ] s'écrit	**on**, comme dans «question»
	om, devant «p» et «b» comme dans «comprendre»

9 **Le 14 juillet à Port-Blanc** → §§ 56, 57, 58

a *Ecrivez les formes des verbes «venir, voir, mettre».*

Aujourd'hui Yan et Anne vont chez Mme Salomon.

Exemple:
1. Emma les ~ venir.   `V O I T`

2. – Nous ~ déjà nos maillots de bains? demande Emma.   `M E T T O N S`

3. – Non, aujourd'hui, on ~ te chercher pour la fête
   du 14 juillet.   `V I E N T`

4. – ~ ta jolie robe bleue, dit Yann.   `M E T S`

5. – Mme Salomon, vous ~ aussi ?   `V E N E Z`

6. – Non, je ne ~ pas. Il y a trop de monde, dit Mme Salomon.   `V I E N S`

7. Les enfants ~ leurs affaires sur leurs vélos et partent.   `M E T T E N T`

8. Ils passent une journée super, mais ils ne ~ pas le feu
   d'artifice parce que, tout à coup, il y a une tempête.   `V O I E N T`

9. Alors, ils rentrent vite à la maison. Mme Salomon les ~
   venir. Ils regardent le feu d'artifice de Paris à la télé.   `V O I T`

10. Vous ~, on est aussi bien à la maison, dit Mme Salomon.   `V O Y E Z`

b *Qu'est-ce que les enfants vont faire demain?*

I	L	S		V	O	N	T		V	I	S	I	T	E	R		P	E	N	V	É	N	A	N
1		2		3	4	5	6		3	1	2	1	6	7				7	5	3	7	5		5

10 **Nous partons en vacances.**

a *Zeichnet das Vokabelnetz in euer Heft und ordnet die Vokabeln und Ausdrücke aus dem Kasten zu.*

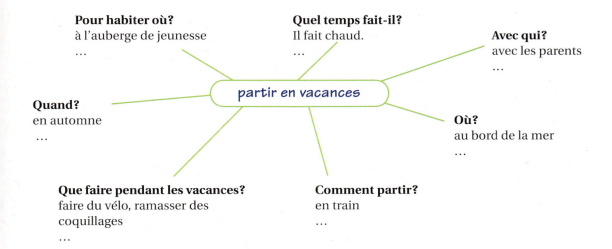

Pour habiter où?
à l'auberge de jeunesse
…

Quel temps fait-il?
Il fait chaud.
…

Avec qui?
avec les parents
…

Quand?
en automne
…

partir en vacances

Où?
au bord de la mer
…

Que faire pendant les vacances?
faire du vélo, ramasser des
coquillages
…

Comment partir?
en train
…

en ville – aller au cinéma – prendre des photos – faire la fête – en voiture – en hiver –
il y a du soleil – dans un chalet – faire de l'escalade – faire de la natation – une tempête – en été –
en juillet – en France – en Belgique – écrire des cartes postales – faire du bateau – jouer au foot –
jouer aux cartes – au printemps – faire du bateau – à l'hôtel – dans un appartement –
à la campagne – Emma – les copains – en vélo – en bus

b *Denkt euch einen Traumurlaub aus. Benutzt dazu das Vokabelnetz.*

1. Où est-ce que vous voulez aller?
2. Avec qui?
3. Quand est-ce que vous allez partir et comment?
4. Où est-ce que vous allez habiter?
5. Qu'est-ce que vous allez faire pendant les vacances?

Ihr könnt so beginnen: _Cette année, je vais passer mes vacances …_

En Bretagne, au bord de la mer.

11 **Auto-contrôle 1: Que fait Matthieu?** → §§ 49, 50

a *Matthieu dit toujours «Non, …». Versetzt euch in die Lage von Matthieu und antwortet.*
Ersetzt die unterstrichenen Wörter durch die Objektpronomen „me, te, le, la, l', nous, vous, les".
Schreibt die Sätze in euer Heft.
Die Lösungen zu dieser Aufgabe findet ihr auf Seite 120.

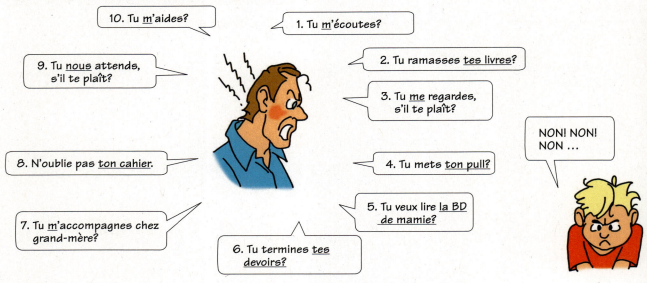

10. Tu m'aides?

1. Tu m'écoutes?

9. Tu nous attends, s'il te plaît?

2. Tu ramasses tes livres?

3. Tu me regardes, s'il te plaît?

8. N'oublie pas ton cahier.

4. Tu mets ton pull?

NON! NON! NON …

7. Tu m'accompagnes chez grand-mère?

5. Tu veux lire la BD de mamie?

6. Tu termines tes devoirs?

Exemple: 1. Non, je ne t'écoute pas …

12 **Auto-contrôle 2: En colonie de vacances** → §§ 52, 58

Regardez le dessin et racontez. Choisissez les expressions qui conviennent
(Wählt die passenden Ausdrücke). Mettez les phrases au passé composé.
Die Lösungen zu der Aufgabe findet ihr auf Seite 120.

faire un exercice de natation – mettre son maillot – faire de l'escalade – attendre le prof – crier – ne pas écouter – faire attention – nager[1] – écouter

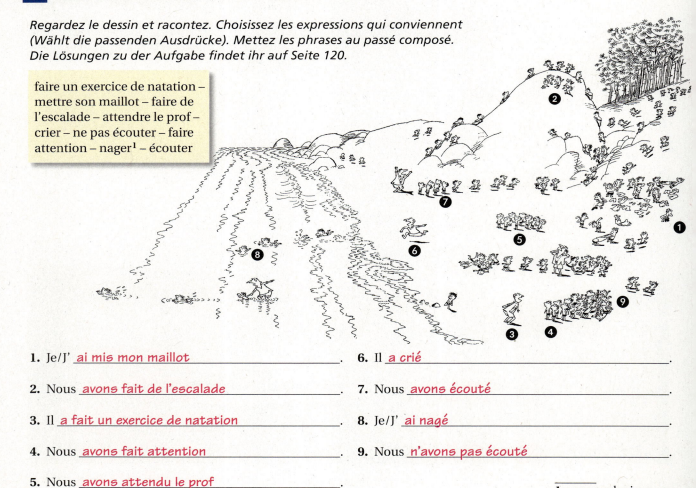

1. Je/J' ai mis mon maillot .

2. Nous avons fait de l'escalade .

3. Il a fait un exercice de natation .

4. Nous avons fait attention .

5. Nous avons attendu le prof .

6. Il a crié .

7. Nous avons écouté .

8. Je/J' ai nagé .

9. Nous n'avons pas écouté .

_____
1 nager schwimmen

Das erste Jahr Französisch liegt nun hinter dir, und du bist am Ende des ersten Bandes angekommen. Bravo! Zum Abschluss des Schuljahres solltest du nochmals mit Hilfe dieses Bogens überprüfen, welche Lernfortschritte du gemacht hast.
Vieles wirst du jetzt schon ziemlich gut, vielleicht sogar sehr gut beherrschen, anderes musst du vielleicht noch einmal wiederholen, bevor du im nächsten Jahr mit dem neuen Buch anfängst.

Anhand der Übungen in der rechten Spalte kannst du das Gelernte noch einmal festigen.
Die Auto-contrôle-Übungen der Lektionen 7–9 können dir eine weitere Hilfe sein, deinen augenblicklichen Leistungsstand zu überprüfen.

Selbsteinschätzung vom: _____.
Trage hier bitte das Datum ein.

sehr gut   gut   muss ich noch üben

	Hören Ich kann …		Übung im …
1	… einem Hörtext Informationen entnehmen und mit deren Hilfe Sätze vervollständigen.		SB L 8 / Ex. 11
2	… einem Hörtext entnehmen, ob sich dessen Handlung in der Vergangenheit abgespielt hat oder in der Gegenwart bzw. der Zukunft liegt.		SB L 9 / Ex. 6
3	… Aussagen eines Hörtextes anhand von Leitfragen verstehen und diesen dann nacherzählen.		CdA L 9 / Ex. 6
	Sprechen Ich kann …		Übung im …
1	… am Bahnhof nach Abfahrtszeiten fragen, einen Fahrschein lösen und Informationen zu Umsteigeverbindungen geben.		SB L 7 / Ex. 8
2	… in einem Laden Lebensmittel einkaufen und dabei die geläufigen Redemittel (z. B.: *je prends, je voudrais, ça fait combien?*, etc.) verwenden.		SB L 8 / Ex. 8
3	… auf Französisch unbekannte Wörter umschreiben und erfragen.		CdA L 8 / Ex. 7
	Lesen Ich kann …		Übung im …
1	… einen kurzen Text oder eine Postkarte lesen und im Anschluss Fragen über den Text schriftlich beantworten.		SB L 7 / Ex. 15; CdA L 9 / Ex. 5
	Schreiben Ich kann …		Übung im …
1	… einen Urlaubsbrief an Freunde und Verwandte schreiben und darin über den Urlaub und meine Aktivitäten berichten.		SB L 8 / Ex. 12
2	… zu einem Bild oder Foto von einer oder mehreren Personen eine Geschichte schreiben.		CdA L 8 / Ex. 8
	Interkulturelles Lernen und Landeskunde		Übung im …
1	Ich kenne lautmalererische Ausdrücke auf Französisch, z. B. wie ein Hund bellt, wie eine Pistole klingt, wie sich ein Auto anhört etc.		LB L 1 / Album

LEÇON 3

16 **Il y a un problème.** → §§ 12, 13, 14

Übt zu zweit.
- *Geht gemeinsam den Aufbau des Bogens durch.*
- *Entscheidet dann, wer mit der A-Seite und wer mit der B-Seite übt.*
- *Faltet den Bogen entlang der gestrichelten Mittellinie.*
- *Versetzt euch in die Person von Mme Bertaud oder Mme Beckmann und übertragt die gelb unterlegten Felder ins Französische.*
- *Kontrolliert euch gegenseitig mithilfe der Lösungsvorschläge in eckigen Klammern.*
- *Wechselt die Rollen nach einm Durchgang.*

Mme Bertaud (A)	Mme Beckmann (B)
1. Hallo, Frau Beckmann?	**1.** [Allô, madame Beckmann?]
2. [Oui, bonjour, madame.]	**2.** Ja, Guten Tag.
3. Guten Tag Frau Beckmann, ich bin Frau Bertaud, die Deutschlehrerin von Christian.	**3.** [Bonjour, madame. Je suis Mme Bertaud, le professeur d'allemand de Christian.]
4. [Ah, oui, Mme Bertaud. Christian aime le collège.]	**4.** Ah, ja, Frau Bertaud. Christian mag das *Collège*.
5. Ja, aber es gibt ein Problem. Christian macht Zeichnungen von seinen Lehrern.	**5.** [Oui, mais il y a un problème: Christian fait des dessins de ses professeurs.]
6. [Christian dessine ses professeurs, ses copains, sa famille, son collège.]	**6.** Christian zeichnet seine Lehrer, seine Freunde, seine Familie, sein *Collège*.
7. Aber es sind Karikaturen[1] und Christian klebt/ hängt die Karikaturen im *Collège* auf.	**7.** [Mais ce sont des caricatures[1] et Christian colle les caricatures dans le collège.]
8. [Ah, non! Christian et ses dessins!]	**8.** Oh, nein! Christian und seine Zeichnungen!
9. Ja, wir sind wütend. Aber es gibt eine Lösung: vier Stunden Nachsitzen[2].	**9.** [Oui, nous sommes en colère. Mais il y a une solution: quatre heures de colle[2].]
10. [Oh, non, … il ramasse le papier dans la cour.]	**10.** Oh, nein, er sammelt das Papier im Hof ein.
11. Das ist eine Idee! … Einverstanden.	**11.** [C'est une idée. … D'accord.]
12. [Au revoir, madame et pardon[3].]	**12.** Auf Wiedersehen und Entschuldigung[3].
13. Auf Wiedersehen.	**13.** [Au revoir, madame.]

---

1 une caricature [ynkaʀikatyʀ] eine Karikatur – **2 une heure de colle** [ynœʀdəkɔl] eine Stunde Nachsitzen –
3 pardon [paʀdõ] Entschuldigung

▲ **6** **Où est-ce que tu vas?**

Übt zu zweit.
- *Schaut euch zunächste den On dit-Kasten auf Seite 61 an.*
- *Geht gemeinsam den Aufbau des Bogens durch.*
- *Entscheidet dann, wer mit der A-Seite und wer mit der B-Seite übt.*
- *Faltet den Bogen entlang der gestrichelten Mittellinie.*
- *Versetzt euch in die Person von Elodie oder dem Monsieur und übertragt die gelb unterlegten Felder ins Französische.*
- *Kontrolliert euch gegenseitig mithilfe der Lösungsvorschläge in eckigen Klammern.*
- *Wechselt die Rollen nach einm Durchgang.*

Elodie est en France avec ses parents. Elle visite la ville de Lyon (die Stadt Lyon).
Elle pose des questions à un monsieur.

aller tout droit   *aller tout droit*

tourner à gauche ← ↑ → *tourner à droite*   *tourner à gauche* ← ↑ → *tourner à droite*

↗

traverser   *traverser*

Elodie (A)	Monsieur (B)
1. Entschuldigung, wie komme ich bitte zur „Place Bellecour"?	1. [Pardon, monsieur, pour aller à la place Bellecour, s'il vous plaît?]
2. [Tu vas d'abord tout droit et tu traverses la place Carnot. Après tu tournes à gauche et tu arrives à la place Bellecour.]	2. Du gehst zunächst geradeaus und überquerst die „Place Carnot". Dann biegst du links ab und kommst an der „Place Bellecour" an.
3. Gibt es auch Geschäfte auf der „Place Bellecour"?	3. [Est-ce qu'il y a aussi des magasins, sur la place Bellecour?]
4. [Non, les magasins sont dans la rue Saint Jean.]	4. Nein. Die Läden sind in der „rue Saint Jean".
5. Und wo ist die „rue Saint Jean"?	5. [Et où est la rue Saint Jean?]
6. [Tu quittes la place Bellecour et tu traverses la Saône[1]. Après tu arrives à la place Saint Jean et là, tu tournes à droite et tu es dans la rue Saint Jean.]	6. Du verlässt die „Place Bellecour" und überquerst die Saône[1]. Dann kommst du an der „Place Saint Jean" an. Dort biegst du rechts ab und du bist in der „rue Saint Jean".
7. Ich habe noch eine Frage: Wann schließen[2] die Geschäfte in der „rue Saint Jean"?	7. [J'ai encore une question: A quelle heure est-ce que les magasins ferment[2] dans la rue Saint Jean?]
8. [Ils ferment à huit heures ou huit heures et demie. Moi aussi, j'ai une question. Il est quelle heure, s'il te plaît?]	8. Sie schließen um acht Uhr oder um halb neun. Ich habe auch eine Frage: Wie spät ist es bitte?
9. Jetzt ist es Viertel nach fünf. Ich habe um halb sechs ein Treffen mit Freunden an der „Place Bellecour". Dann herzlichen Dank und auf Wiedersehen!	9. [Maintenant il est cinq heures et quart. A cinq heures et demie, j'ai rendez-vous avec des amis place Bellecour. Alors merci beaucoup et au revoir!]

_____
1 la Saône *(Fluss, der durch Lyon fließt)* – **2 fermer** schließen

5 **Et toi, tu lis des livres?** → §§ 36,37

Tu travailles avec un copain ou une copine.
Faltet das Blatt an der gestrichelten Linie und stellt euch gegenseitig Fragen.
Schreibt die Antworten als Symbole in die freien Felder.

↑ = trop de   # = pas de   ↗ = beaucoup de   ↘ = peu de   ↑ = trop de   # = pas de   ↗ = beaucoup de   ↘ = peu de

Exemple :

A: – Est-ce qu'Isabelle lit des livres?   B: – Oui, elle lit beaucoup de livres.

A: – Est-ce que Gilles lit des livres?   B: – Non, il ne lit pas de livres.

A: – Est-ce que tu lis des livres?   B: – Oui, je lis …/Non, je ne lis pas de …

A	Isabelle	David	Sophie	Gilles	Ton copain/ ta copine
lire des livres		↘	↑		
regarder des films	↘	#		↗	
avoir des copains		↘		↘	
faire du sport	↑		#		

B	Isabelle	David	Sophie	Gilles	Ton copain/ ta copine
lire des livres	↗			#	
regarder des films			↑		
avoir des copains	#		↗		
faire du sport		↗		↑	

Manon aime lire.
Et toi?

Pour faire les exercices du cahier

	Lektion	Übung	
Accordez …	7	13	Gleicht … an.
Attention à la négation	4	20	Achtet auf die Verneinung.
C'est à vous.	6	7b	Ihr seid dran.
Cherchez l'intrus.	1	4	Sucht den Eindringling.
Choisissez les expressions qui conviennent.	9	12	Wählt die passenden Ausdrücke.
Collez …	3	12a	Klebt …
Complétez.	1	15a	Ergänzt.
Complétez les phrases.	2	8b	Vervollständigt die Sätze.
Conjuguez …	8	5	Konjungiert …
Continuez.	5	3b	Macht weiter.
Décrivez …	7	3c	Beschreibt …
Dessinez …	2	4	Zeichnet …
Donnez la bonne réponse.	4	4d	Gebt die richtige Antwort an.
Ecoutez le dialogue.	2	17	Hört den Dialog.
Ecrivez les réponses dans votre cahier.	2	4a	Schreibt die Antworten in euer Heft.
Employez …	6	2a	Verwendet …
Encerclez les mots.	2	2a	Kreist die Wörter ein.
Faites des dialogues.	6	2b	Erstellt Dialoge.
Faites une croix dans la case qui convient.	3	10a	Kreuzt das passende Kästchen an.
Formez des phrases.	6	8b	Bildet Sätze.
Imaginez …	9	10b	Denkt euch … aus.
Inventez …	7	3c	Erfindet …
Jouez …	2	14b	Spielt…
Lisez …	1	10	Lest …
Mettez les verbes à la bonne forme.	4	3	Setzt die Verben in der richtigen Form ein.
Posez des questions.	3	6b	Stellt Fragen.
Racontez l'histoire.	4	14	Erzählt die Geschichte.
Regardez les images.	2	5	Schaut euch die Bilder an.
Relisez …	2	7	Lest … noch einmal.
Traduisez en français.	3	10c	Übersetzt ins Französische.
Travaillez à deux.	8	7b	Arbeitet zur zweit.
Trouvez les phrases correctes.	2	7	Findet die korrekten Sätze.
Trouvez les mots.	2	3b	Findet die Wörter heraus.
Utilisez …	3	2	Verwendet …
Vrai ou faux?	2	17	Richtig oder falsch?

Hörverstehenstexte

Leçon 1

Exercice 7a: Ecouter: En classe

Numéro 1: Attention, madame Bertaud!
Numéro 2: Quatre, cinq, six, Yan aime Béatrice.
Numéro 3: Dix: c'est un et zéro.
Numéro 4: Voilà Emma avec le trois.
Numéro 5: Un et deux, on fait un jeu.
Numéro 6: Sept, huit, neuf, je mange un œuf.

Exercice 7b: Ecouter: En classe

1. Un et deux … on fait un jeu.
2. Voilà Emma … avec le trois.
3. Quatre, cinq, six … Yan aime Béatrice.
4. Sept, huit, neuf … je mange un œuf.
5. Dix: c'est un et zéro … Attention, madame Bertaud!

Leçon 2

Exercice 17: Ecouter: Bizarre, bizarre … un rêve

Thomas: Vite, vite. Le collège! C'est bizarre … Le collège est vide. C'est le silence.
  Elle est où, madame Bertaud? Houhou! Et Christian? Et Emma? Et Victor? Tiens, la cour est vide aussi.
  C'est super! La cour est pour moi! C'est le paradis! Mais que fait madame Rollin ici?
  Bonjour, madame Rollin! C'est bizarre, le collège est vide!
Mme Rollin: Mais Thomas, ici c'est la papeterie!
Thomas: Non … Non … Non …
Mme Sarré: Thomas … Thomas … ça va?
Thomas: Oui, ça va … Bonjour Maman. … C'est un rêve. Et maintenant, le collège.

Leçon 3

Exercice 11: Lire et écouter: Une rue à Paris

Nous sommes dans une rue à Paris. Voilà une papeterie. Sur la porte d'entrée de la papeterie,
il y a une affiche orange avec une guitare bleue. Devant la papeterie, il y a une voiture.
Elle est jaune. Devant la voiture, il y a un carton. Il est vert. Dans la voiture, il y a un chien.
Il est blanc. Sur la voiture, il y a un chat noir. Sous la voiture, il y a un chien aussi. Il est marron.
Derrière la voiture, il y a une poubelle. Elle est rouge. Dans la poubelle, on trouve une bouteille jaune.
C'est une rue à Paris.

Leçon 4

Exercice 15: On cherche des correspondants.

1.
Salut, je m'appelle Patrick Legrand. J'habite 13 rue Colbert avec mes parents, mes sœurs
Emilie et Christine et mes deux chats. Mon père est policier et ma mère est à la maison.
J'ai 12 ans. J'aime mon ordinateur et les maths, mais le sport, – bof! Je fais du roller dans
les rues avec des copains, mais le foot, la natation, non merci!

2.
Moi, je suis Céline Lion. Mon adresse: 21 boulevard Béranger. J'ai 11 ans. Mon père est
professeur et ma mère travaille dans une papeterie. J'ai un frère, Thomas. Il a déjà 17 ans.
Nous avons un chien. Il est sympa. Mais je n'aime pas les chats. J'aime le sport, surtout
le foot. Pour une fille, c'est bizarre, non? Mais moi, j'aime ça, et je ne joue pas mal.

3.
Bonjour, les copains et les copines. Mon nom est Marc Fantin. J'habite 21 rue Thomas.
J'ai 11 ans. Je n'ai pas de frères et sœurs. Mes parents ont un magasin de BD, et les BD,
ça m'intéresse! Je suis souvent dans le magasin après l'école et je regarde des BD. J'aime
le théâtre, et le mercredi après-midi, je fais du théâtre au club du collège. Je n'aime
pas les mathématiques. Quelle horreur!

4.
Moi, je suis Caroline Petit. J'habite 16 place du Grand-Marché. J'ai 12 ans. Mon père
fait de la musique. Il travaille à la télé. J'ai 2 frères et 2 sœurs. Ma mère ne travaille pas.
Elle reste à la maison avec nous.
J'aime le silence, mais à la maison, il y a toujours des enfants. On fait de la musique,
il y a le téléphone, alors, je suis souvent en colère. Mais j'aime ma famille. Une chose que
je n'aime pas, c'est la musique rock.

Leçon 5

Exercice 10: Rendez-vous au «cinéma Bastille»

Texte A:
Marc: Pardon, monsieur, je cherche le «cinéma Bastille». Où est-il, s'il vous plaît?
Monsieur: Là, tu as la station de métro. Tu tournes à droite et devant le square, tu tournes
à gauche. Après tu tournes à droite et tu passes devant le collège. Là, tu tournes à droite
et le cinéma est à gauche.
Marc: Merci et au revoir, monsieur.
Monsieur: Salut et bonne chance!

Texte B:
Sébastien: Pardon, madame, je cherche le «cinéma Bastille». Où est-il s'il vous plaît?
Dame: Ah! C'est facile. Ici, c'est la station de métro. Vous allez tout droit et vous passez
devant une papeterie. Après vous tournez à droite et vous allez tout droit. Vous arrivez devant
le collège. Là, vous tournez à droite et vous arrivez au cinéma.
Sébastien: Merci, madame.

Texte C:
Corine: Pardon, monsieur, je cherche le «cinéma Bastille». Où est-il s'il vous plaît?
Monsieur: Ah, ce n'est pas facile. Le «cinéma Bastille» n'est pas sur la place de la Bastille.
Ici, c'est la station de métro. Tu tournes à droite. Tu arrives devant le square, puis à droite, tu as
une librairie. Là, tu vas toujours tout droit. Tu arrives sur une place. Il y a un cirque sur la place.
Là, tu tournes à gauche et tu trouves le cinéma Bastille.
Corine: Merci, monsieur.

Hörverstehenstexte

Leçon 6

Exercice 12: Madame Salomon sur Radio Quartier

Reporter: Madame Salomon, qui êtes-vous?

Mme Salomon: Je m'appelle Judith Salomon, j'habite dans le quartier de la Bastille depuis 24 ans. C'est donc vraiment un peu mon quartier. J'ai 80 ans et j'aime beaucoup les enfants et mon métier. Les enfants du quartier sont mes amis.

Reporter: Vous travaillez encore?

Mme Salomon: Vous savez, quand on aime son métier, on veut travailler. Je ne peux pas quitter la scène.

Reporter: Ah bon, je comprends, vous êtes actrice. Est-ce que vous tournez des films ou est-ce que vous faites du théâtre?

Mme Salomon: J'adore le film et le théâtre. Mais à 80 ans, ce n'est plus possible de faire ça. Maintenant, je fais de la publicité.

Reporter: Ah, vous faites de la publicité! Et pour quoi? Pour un CD? Pour un magasin? Pour la radio?

Mme Salomon: Non, non, c'est pour mon chat, je veux dire, c'est une publicité pour des croquettes pour chats. Dans la pub, je donne des croquettes à mon chat.

Reporter: Ah, vous faites de la pub avec votre chat?

Mme Salomon: Oui, euh …, non …ce n'est pas facile. Filou mon chat, aime bien les croquettes, mais il est bizarre, il ne veut pas toujours manger … Heureusement, il y a Emma et son chat Amandine!

Reporter: Pardon, je ne sais plus de qui vous parlez. Emma, qui est-ce?

Mme Salomon: C'est une de mes amies. Quand il y a un problème, mes copains sont là pour aider. Ils sont super!

Reporter: Mais c'est sympa! Ce sont des enfants du quartier?

Mme Salomon: Oui, ils sont du quartier, ils habitent ici, mais est-ce qu'ils vont pouvoir rester? Vous savez, ici, ce n'est pas facile de trouver et de payer un appartement pour une famille de cinq personnes.

Reporter: Je sais, c'est vraiment un problème, mais on va trouver une solution. Voilà mon appel aux propriétaires:

LE QUARTIER BASTILLE SANS FAMILLES, NON!! DES APPAPPARTEMENTS POUR LES ENFANTS ET LEURS PARENTS.

Leçon 7

Exercice 3: Où est Olivier?

Olivier: Allô.

Peter: Salut Olivier. C'est Peter à l'appareil. Ça va?

Olivier: Ça va bien merci, et toi? Tu vas arriver à la gare à quelle heure?

Peter: A 12 h 35. Tu vas être à la gare?

Olivier: Bien sûr. Je vais porter une chemise blanche et un pantalon bleu.

Peter: D'accord. Mais … il y a peut-être beaucoup de garçons avec des chemises blanches et des pantalons bleus.

Olivier: Alors, je vais prendre un livre jaune avec moi. Et puis, mon chien Jupiter va être là aussi. C'est un grand chien noir. Et ma petite sœur Isabelle veut être à la gare quand tu arrives.

Peter: D'accord. Alors, à bientôt.

Leçon 8

Exercice 3: La prof de français a une idée bizarre.

Amélie téléphone à Paris, à sa grand-mère.

Mamie: Allô?
Amélie: Allô, bonjour mamie! C'est Amélie.
Mamie: Bonjour, Amélie. Comment ça va à Vittel?
Amélie: Bof ... Ma prof de français a une idée bizarre. Elle veut organiser une rencontre entre le collège de Vittel et un collège de Paris.
Mamie: Mais c'est super, une rencontre entre des élèves de la campagne et des élèves de la ville!
Amélie: Tu trouves? Mais qu'est-ce que le collège de Paris va faire ici à Vittel? Vittel est un village. Il y a seulement des poules et des vaches.
Mamie: Mais pour les élèves de Paris c'est sympa parce qu'ils ne vont jamais à la campagne.
Amélie: Oui, mais moi qu'est-ce que je vais faire à Paris? Je voudrais aller à Berlin ou à Leipzig pour apprendre l'allemand.
Mamie: Mais à Paris, tu peux parler avec des touristes allemands!
Amélie: Tu rigoles, mamie ... !
   Oh, je dois aller manger ... A bientôt et au revoir, mamie!
Mamie: Au revoir.

Leçon 9

Exercice 6: Dans un souk marocain

Grand-père: Malika, Maaaaliiikaaa ... !
Malika: Oui, papi, qu'est-ce qu'il y a?
Grand-père: Il est onze heures et demie déjà. Tu ne veux pas aller au souk?
Malika: Bien sûr. Je dois aller au souk aujourd'hui. Demain, je ne suis plus là.
Grand-père: Bon, alors tu viens?

Malika: Oh là, là, il y a beaucoup de touristes et de voitures. Mais où est le souk??
Grand-père: Attends, on traverse la rue, c'est là-bas.
Malika: Traverser la rue? Mais on ne peut pas.
Grand-père: Si, il n'y a pas de problème. Allez, on y va.

Tu vois? C'est facile. Viens, on entre.

Vendeur: Alors, mademoiselle, qu'est-ce que vous cherchez? Des chemises, des t-shirts, des maillots? Ici, ce n'est pas cher.
Malika: Je cherche un cadeau pour un copain. Papi, regarde le t-shirt jaune. Il est beau, non? Mais, c'est un super cadeau pour l'anniversaire de Christian! C'est combien, monsieur?
Vendeur: Cent cinquante dirham.
Malika: Combien? Je n'ai pas compris.

Grand-père: Ici, on paie en dirham. 1€, c'est 10 dirham.
Malika: Ah bon, Alors, ça fait 15€, le T-shirt. C'est trop cher. Ecoutez, monsieur, je vous donne soixante dirham, d'accord?
Vendeur: Soixante dirham? Ce n'est pas assez! Donnez-moi 80 dirham, d'accord?
Malika: 80 dirham, c'est 8€ ... D'accord, monsieur. Je le prends.
Vendeur: Regardez ce beau jean jaune, mademoiselle, il n'est pas cher ...

Hörverstehenstexte

Exercice 8: Jeu de sons

a 1. ils **ont**/ils f**ont** 2. j'ai douze **an**s/j'aime la natati**on** 3. le pl**an**/pard**on** 4. dev**an**t/souv**en**t,
   5. il rac**on**te/elle rép**on**d 6. elles chantent/elles montent.

b 1. Je suis Allem**an**de 2. M**on** **on**cle habite à R**om**bly 3. Tu pr**en**ds le métro? 4. J'aime
   la c**am**pagne 5. C'est une bonne soluti**on**. 6. Man**on** porte une robe marr**on**.
   7. Les **en**fants jouent **en**sem**b**le.

c 1. Christian et ses parents/vont au restaurant./Ils ont rendez-vous/au Centre Pompidou.
   2. Mme Salomon/accompagne Manon/à la maison./Ah bon.
   3. Valentin est dans sa chambre./C'est au mois de décembre./Il chante une chanson,/
   il apprend sa leçon,/et il compte ses avions.